埼玉怪談

幽木武彦

竹書房
怪談
文庫

目次

4 埼玉県怪異地図
6 岳集落（秩父市）
15 人柱（羽生市）
28 ブラックホール（秩父郡長瀞町）
38 池にいるもの（戸田市）
58 納骨堂（県内某所）
64 第二町谷踏切（桶川市）
73 うしろ（川口市）
88 鼻番の顛末（和光市）
92 赤い線（川越市）
102 顔振峠（飯能市と越生町）
106 吉見百穴（比企郡吉見町）

121 学校の屋上（入間市）
136 丸山公園の怪（上尾市）
145 黒塚の鬼婆（さいたま市）
160 秋ヶ瀬公園怪異譚（さいたま市、越谷市）
166 荅不動尊（秩父郡長瀞町）
178 隊舎の出来事（朝霞市）
186 正丸峠（飯能市〜秩父郡横瀬町）
189 正丸トンネル（秩父郡横瀬町）
195 会議室（さいたま市）
215 不老川（所沢市）

222 あとがき

※本書に登場する人物名は、様々な事情を考慮してすべて仮名にしてあります。また、作中に登場する体験者の記憶と体験当時の世相を鑑み、極力当時の様相を再現するよう心がけています。現代においては若干耳慣れない言葉・表記が登場する場合がありますが、これらは差別・侮蔑を意図する考えに基づくものではありません。

埼玉県怪異地図

①【吉見町】
霊に憑依される吉見百穴

②【長瀞町】
荒川のブラックホール
苔不動尊の怪

③【秩父市】
呪いの痣をうける岳集落

④【飯能市・横瀬町】
正丸峠の首なしライダー
正丸トンネルの恐怖

⑤【飯能市・越生町】
顔振峠にしゃがむ男の霊

⑥【朝霞市】
朝霞駐屯地の怪

⑦【和光市】
童女の霊が立つ大和橋

⑧【戸田市】
荒川の土手から来る餓鬼

⑨【さいたま市桜区】
秋ケ瀬公園の祠

⑩【さいたま市大宮区】
黒塚の鬼婆伝説
首なしのいる大手企業

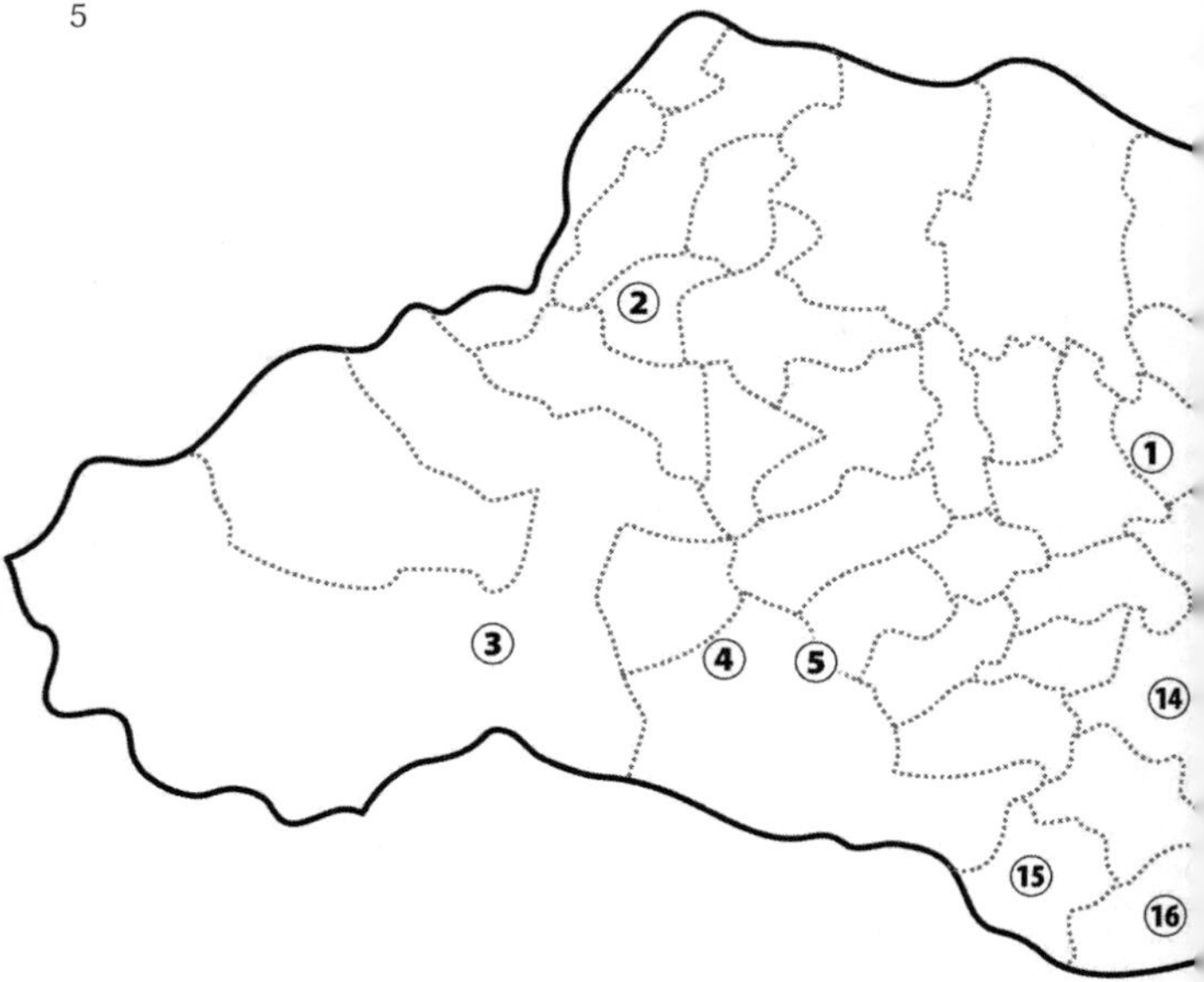

⑪【上尾市】
丸山公園の首吊りの木

⑫【桶川市】
第二町谷踏切の自殺霊

⑬【羽生市】
水で死ぬ一族と人柱伝説

⑭【川越市】
お化け屋敷と化した家

⑮【入間市】
自殺霊が徘徊する女子寮

⑯【所沢市】
葬式に現れた本人

⑰【川口市】
化け物に憑かれる女性

6

岳集落（秩父市）

埼玉。

読み方には「さきたま」「さいたま」の二つがある。

由来は、諸説。

多摩の奥にあるから「先多摩」。それが転じたという説もあれば、神々が幸福を与えてくれる「幸魂」が埼玉になったという話もある。

個人的には「幸魂」説を支持したい。

何よりも、夢がある。

だが、いろいろな人から話を聞けば聞くほど、実は「裂き魂」ではないかという気も、正直する。

「もうずいぶん前ですよ。しかも、真相もとっくに藪の中。そんな話でもいいんですか？」

困ったように笑うのは、二十代後半の広瀬さんという女性。

埼玉県の某市で、最愛のパートナーと一緒に暮らしている。

もちろんかまいませんと、私はお願いをした。

広瀬さんは「そうですか……」と独り言のように呟き、ちょっと間を置いてから、怖い話を聞かせてくれた。

今から十数年前、彼女が大学生の頃のこと。

当時、広瀬さんは中部地方出身の船岡という男性と仲良くしていた。

「恋人というわけじゃなかったけど、けっこう仲が良くて。やんちゃな男の子で、同じように東京の学校に出てきていた妹さんにも会ったことがあります。二つ違いだったかな、彼と。とってもかわいい子でしたよ。何て言うのかな……清楚なお嬢様って言うか。くりっとした、綺麗な目が印象的でした」

あるとき広瀬さんは、その男性から肝試しに行こうと誘われた。妹たちカップルと四人で秩父《ちちぶ》に行こうというのである。

「聞けば秩父に廃村があって、そこが何とかっていうホラーゲームのモデルになったたって言っていた気がします。私はゲームにもホラーにも興味がなかったんで、ちんぷんかんぷんだったんですけどね」

彼女の説明を聞く限り、そこは秩父の岳集落に思えた。

その集落なら、人気ホラーゲームのモチーフとなった廃村の一つとして知られているし、埼玉を代表する心霊スポットの一つである。

オカルト愛好家だけでなく、廃墟マニアの間でも有名だ。

秩父は、埼玉でも一、二を争う有名観光地。だが同時に、県内有数の怪異の発生地でもある。

「でも私、怖いのとかいやですし、断ったんです。そうしたらある週末、彼は妹さんたちカップルと本当に肝試しに行ったんですね。向こうに着いたのは夜だったはずです」

季節は夏だった。

岳集落で何があったのか、広瀬さんは知らない。

だが集落からの帰り道、三人は事故を起こした。

見通しの悪い山道で対向車と激突し、一歩間違えば道を外れ、谷へと転がり落ちるところだった。

車を運転していたのは妹の彼氏だった。

結果的に誰も大きな怪我はせず、それが不幸中の幸いだったが――。

「でもなんかね……はっきりとは言わなかったんですけど、けっこういやな場所だったらしいんですよ、その何とかって集落」

岳集落。

人々が暮らしていた痕跡を今なおわずかにとどめつつ、日々荒廃が進む山奥の廃村。崩壊しそうな家屋が朽ち果てた不気味な姿を、訪れる者たちに今日も晒している。

昭和の半ばぐらいまでは、十戸ほどの家庭が生活をしていたという話も聞く。

だがいつの間にか無住の地となり、それどころか心霊スポットにまでなってしまったその地には、なぜだか誰かの声が聞こえてくる、不気味な光が見えるといった話のほか、肝試しで出かけた人が行方不明になってしまったというような噂も、まことしやかに伝えられている。

正直、私もあまり近づきたくはない。

何があったのかと広瀬さんが聞こうとしても、なぜだか船岡さんは答えようとしなかった。

もうその話はいいからと、けむに巻こうとしたという。しつこく問いただそうとすると、日頃温厚な彼が、人が変わったように激怒した。

何だかおかしいと、広瀬さんは思った。

「そして……うん、事故を起こしてからそんなに経ってなかったと思いますよ。今度は突然、彼のお父さんが脳梗塞で倒れてしまったんです。まだ若いのに」

船岡さんは哀れなほど憔悴し、たった数日で見る見る痩せ細った。

快活で、陽性の気を放つ青年だったのに、田舎とこちらを行ったり来たりするようになるうちに、おどおどと怯えるような姿を見せることが多くなった。

何に怯えているのかは、分からない。

船岡さんは、どんどん痩せた。

どんどん。

どんどん。

——なあ。

そんなある日のことだった。

人目を避けるように広瀬さんと二人きりになったとき、船岡さんは言った。二人が通う都内のキャンパスの、誰もいない場所だったという。

船岡さんはげっそりと痩せ、人相が変わっていた。

——なあ、これ……なんだと思う。

小声で言うと、船岡さんは左手の指を広げた。

覗きこみ、広瀬さんは眉をひそめる。

「手のひらにけっこう大きく、歪んだ図形……四角とも丸とも見えるような赤い痣がくっきりと浮かび上がっているんです」

船岡さんに言わせると、それは岳集落を訪れた数日後から、ゆっくりと浮き上がりだしたという。

――でもってさ。

話は、それで終わりではなかった。声を震わせ、船岡さんは言った。泣きそうな、すがるような目で広瀬さんを見ながら、今度は右手の指を広げる。

――親父が倒れてしばらくしたら、いつの間にか……。

広瀬さんは船岡さんの右手のひらを見た。

目を見開く。

どういうことだろう。

そこにも左手と似たような、四角とも丸とも見える歪んだ図形が痣になって浮き上がっている。

しかも。

「よく見ると、図形の下に一本『ノ』っていうような線も走っているんです」

気味が悪かった。

広瀬さんは、船岡さんと目を見交わした。

船岡さんが言った。

――これで『ノ』の横に『し』みたいな痣が出たら、もう完全にアウトかも。

「し」みたいな痣？

広瀬さんは、船岡さんが言わんとすることをイメージした。

四角とも丸とも見えるゴツゴツした痣が、左右の手のひらに一つずつ。その上、右側の痣の下には「ノ」にも見える線。

その横に、さらに「し」の痣を加えたら……。

脳内に像が結ばれた瞬間、彼女は息を呑んだ。

呪。

確かにそうだ。

呪という文字ができあがる。

慌てて船岡さんを見た。

船岡さんは、自虐的な笑顔とともに広瀬さんを見つめかえした。

「その痣が、その後どうなったのかは分かりません。彼、大学に来なくなってしまいましたから」

船岡さんは学校を中退し、故郷に戻った。

それからの彼がどうなったのか、広瀬さんには分からない。

「ただ、ずいぶんしばらくしてから、偶然妹さんの姿を見たことがあったんです」

それは、船岡さんが姿を消してから一年ほど経った頃だった。

街中で久しぶりに目にとめた船岡さんの妹は、別人のようだった。

着ているものが派手になり、肌の露出が増えていた。

男女数人の仲間といたが、ほんの数秒目にしただけで、あまり関わりあいになりたくないグループに思えた。

もともと細身の女の子だったが、これまたげっそりとやつれても見えた。

「でもやっぱり印象的なのは、目つきでしたね。最初に会った頃の、あのかわいかった目つきでは全然なかった。化粧のせいとかじゃなかったです、絶対に。まるで……うん、まるで、変なものにとり憑かれてでもいるみたいな」

広瀬さんはそう言って、薄気味悪そうにかぶりを振った。

船岡さんとその家族を襲ったものは、いったい何だったのか。彼の手のひらで完成しかけた「呪」の文字と、岳集落の因縁は。

広瀬さんの言う通りだった。
すべてはもはや、藪の中である。

人柱
（羽生市）

埼玉は「川の国」。

県の面積に占める河川面積は三・九パーセント。全国二位だという（一位は、徳島県の四・五パーセント）。

県内には利根川、荒川など、たくさんの川がある。

古くから水と戦い、共生してきた。

承応三年（一六五四年）まで行われた「利根川東遷事業」も、川と人間との戦いの記録。江戸湾（東京湾）に流れこんでいた利根川を千葉県銚子へと持っていく大がかりな工事だった。

文禄三年（一五九四年）、工事はまず会《あい》の川（埼玉県羽生市《はにゅうし》、加須市《かぞし》を流れる河川）が羽生で締め切られる。

だが工事は困難を極め、思うように進まない。

そんなとき、どこからともなく現れた一人の修験者が言った。

——午年生まれの者が入水したら、うまく行く。

ちなみに文禄三年は甲午、つまり午年。「入水したら」とは、早い話が「人柱になったら」ということ。

そのときは、修験者が自ら川に飛びこんで人柱になった。するとそれを境に、工事は順調にいくようになった。そんな伝説が残っている。

埼玉県には他にも、幾多の「人柱伝説」がある。

たとえば、同じ羽生市は稲子という地。利根川の堤防が決壊したため、男衆が修復工事を急いだものの、一向にはかどらない。

焦燥した彼らは「これは人柱が必要だ」という話になった。

そんなところに、村の女が赤ん坊を背負って現れた。

心配し、様子を見に来たらしい。

男衆はその女を捕まえ、泣き叫ぶ女と赤ん坊を利根川の濁流に放り投げた。

生け贄にされたのだ。

その後、無事に工事は進んだ。

だがいつしかあたりには、夜な夜な赤ん坊の泣き声が響くようになったという。

羽生。

利根川。

そんな伝説を知っていただけに、この怪異譚を語ってくれた人の口から「人柱」という言葉が出たときには、正直戦慄を覚えた。

不気味だった。

話を聞かせてくれたのは、吉沢さんという五十代の女性。現在は結婚して他県で暮らしている。

「若い頃、家族と羽生市で暮らしていました。これはそのとき、どこからか話を聞いてきた母を通じて耳にした話です」

吉沢さんはそう言って、ある一族に関する奇妙な話を始めた。

一族の名を裏神という。

今から三十年ほど遡る。

裏神家は、古くから羽生の某地区で暮らしてきた名家一族だった。

あたりでも有名な資産家で、広大な土地と由緒を感じさせる古い日本家屋に本家の人々が住んでいた。

兼業農家で、田畑も多数あった。

だが本家と言いながら、跡を継いでいるのは、実は三男。

しかもその当時すでに、三男は鬼籍に入っていた。

亡くなってから、すでに四年ほど。

実質的には三男の嫁が本家を仕切っていた。

嫁の名は、福美。当時、すでに七十歳近かった。

「えっと……私の記憶が間違っていなければ、ですけど」

吉沢さんはそう言って、裏神家のきょうだい構成を教えてくれた。

全部で六人。

上から長男、長女、次女。そして次男、三女、三男という順番だそうだ。

「いろいろあったと思うんですけど、若い時分、長男は親の反対を押し切って駆け落ちをしたんだそうです。でもって、勘当をされた。とても優秀な人だったらしいんですけどね。で、しかたなく、長男とは九歳ほど違う次男が所帯を持って家を継いだんですが……」

ところが、結婚して数年目。

突然の事故で次男は急逝してしまう。会社の帰り、酔った勢いでふざけて飛びこんだ川で心臓麻痺になった。

それは、まさに突然のことだった。まだ子供もいなかったため、妻は暇を出され、石もて追われるようにしていなくなった。

「そうなると、昔のことですからね。跡を取れるのは三男しかいません。次男とは六歳ぐらい違う人だったそうですが、大学を出て就職すると、ほどなく年上の女性と恋に落ちて結婚をしました。親からはずいぶん反対されたそうですけど、とにもかくにも跡取りとして、裏神家の未来を担うようになりました」

両親が反対をしたのも、あながち理不尽ではなかったかも知れない。

三男の名は健夫。

嫁の福美はその健夫より十一歳も上。

しかも、離婚歴があった。

おまけにこう言っては何だが、決して見目麗しいという女性でもなかったそうだ。

「健夫さんが結婚したのが二十五歳ぐらいだとすると、福美さんはもう三十六ぐらい。その年齢の男女が並べば、もうそれだけで女性は分が悪いですからね。しかも、今で言うバツイチとなれば、福美さんに対する風当たりは、相当強かったでしょう。そう思いませんか？」

吉沢さんはそう言って、さぞつらかったろう福美の立場を慮《おもんぱか》った。

事実、健夫が結婚した当初、福美は姑や小姑たちからずいぶん虐められたという。

皮肉なことに、裏神家の一族は、いずれも美男美女。

健夫より二歳年上の三女・美奈。

美奈とは七歳違いの次女・育江。

美奈と十歳も違う長女の靖子。

長女と三女では十歳も差があったが、それでも近所では裏神家の美人三姉妹として有名だった。

「福美さんが嫁いだ当時、もう家には三女の美奈さんと舅、姑しかいなかったようですけど、美奈さんも姑さんも福美さんの容姿をばかにしたり、育ちの悪さ、みたいなことをからかったり……そしてそれは、里帰りをしてくる長女や次女も同じで、福美さん、いろいろと悔しい思いをしたらしいです」

それでも福美は笑顔を絶やさず、本家の妻としての務めを果たそうとした。

誰よりも早く起きた。

家事だけでなく田畑の仕事もこなし、夜も一番最後まで働いて、日々黙々と裏神家のために奉仕した。

時々吉沢さんの母親は、黙々と一人で畑仕事をする福美の姿を目撃したという。

夫の健夫は、いつでも福美の味方になり、彼女を守ろうとした。

健夫はこう言った。

——福の神なんだよ。こいつは俺の。

健夫と福美が知り合ったのは、彼が行きつけの飲み屋。

そこで働いていた福美を見初めた。

少なくとも家族は、そう説明された。

健夫が十一歳年上の妻を「福の神」とたたえて結婚した真の理由は、吉沢さんにはよく分からない。

もちろん吉沢さんの母親も。

だが、結婚後の健夫たち家族と裏神家の一族の趨勢《すうせい》を追うと、あながちそんな健夫の考えも、大げさではなかったのではないかという気もする。

少々気味の悪い「福の神」ではあるが。

「正確な年代は分からないんですけど、三男夫婦の結婚から十年ぐらい後だったと思います。今度は長女の靖子さんの旦那さんが、自宅のお風呂で溺死しました。お酒が大好きだったらしいんですけど、べろんべろんになってお風呂に入り、家族が気がついたときにはお湯の中で亡くなっていたそうです」

通夜の場に集まった一族の話は、自然と同じ話題に集中した。

長女の夫が急逝した命日は、健夫と福美の結婚記念日だったのだ。

「その頃には、健夫さんたちはもう一男一女に恵まれ、幸せにやっていたらしいんです。そんな彼らの結婚記念日が命日と重なったということで、けっこう話題になったらしいんですよね。しかもそれが呼び水になって、誰が言い出したのか、過去の出来事まで話に上って」

葬儀の場での一族の話は、次男が死亡したときのことになった。

次男が不慮の事故で亡くなったその日は、なんと福美の誕生日だったのだ。

「もちろん次男が亡くなったときはまだ、健夫さんと福美さんは出逢ってもいなかったんですけどね。で、今度は健夫さんたち夫婦の結婚記念日に不幸が起きたものだから、こう言っては何ですが、ちょっと盛り上がったというか……まあ、無理はないとも思いますけど。正直、気味が悪いですもんね」

他人が聞いても、いささか気味が悪いのだ。

一族の者たちにとっては、それこそ洒落にならなかったろう。

その上、さらに不気味なことが起きる。

数年後。

次女の育江が、運転する車で事故を起こした。

対人事故。

下手をしたら、相手を殺すところだった。

その数日前、次女は福美と電話で諍《いさか》いを起こしていた。

健夫たち本家から借金をしており、それを督促した福美の機嫌を損ねるようなことを言ったらしい。

――知りませんよ、義姉《ねえ》さん。

福美は言ったという。

――私は本家の嫁です。私の言葉は本家の言葉です。裏神家の御先祖様が、私たちの後ろにいるんですよ。

「その頃から、だったんでしょうね。健夫さんの姉たち、気がつけばみんな、福美さんのご機嫌を取るようになっていったらしいです。福美さんは淡々としていたようですが」

その後、舅が亡くなり、あとを追うように姑も逝去して、いよいよ裏神家は本格的に健夫夫婦の時代を迎えた。

姉たちの家庭はどこもなにかしら問題を抱えたり、死人が出たり、事故を起こしたりしているというのに、健夫たち本家だけは、不思議なほど順風満帆だった。

健夫は東京都内に本社のある某一流企業に勤めていたが、出身大学や地味でおとなしい性格からはおよそ考えられないほどの出世を遂げていた。

いわゆる一流大学を卒業した同期たちがうらやんだり不思議がったりするほどの出世ぶりで、それは一族間でも話題になったという。

子供たちも優秀だった。

長男は国内最難関の東大にストレートで合格するほどの秀才で、妹のほうは父方の叔母たち以上に容姿端麗。

美術の才能を両親から与えられ、これまた国立の芸術大学に一浪して進んだ。

両親にしてみれば、自慢の子供だった。

だが福美は、決して子供たちのことを鼻にかけるでもなく、若い頃と変わらず、黙々と家の仕事をし、田畑を耕し、夫を支えた。

そんなある年のことだった。

その前年、健夫は五十四歳の若さで亡くなっていた。

本家は、福美が女主として仕切っている。東大を出て大手銀行に就職した長男は二十四歳になっていたが、まだ独身だった。

新たな恐怖が襲いかかったのは、そんなとき。

一族のパニックは頂点に達した。

三女の美奈はとっくに還暦を超えていたが、遊び好きだった娘夫婦に誘われ、休日に川辺のキャンプに同行していた。

そこで急逝したのだ。

娘たち夫婦が気づいたときには、冷たい川に上半身を突っこんで息絶えていた。

あり得ないことが、また起きた。

それは、福美の誕生日の出来事だった。

「なんかね……あくまでも噂なんですけど、それで長女の靖子さん、とうとう精神を病んでしまって。気持ち分かりますよね、だってみんな水死ですよ。水死が言い過ぎだとしても、みんな水が絡んでる。見ようによっては関係者全員、本家を栄えさせるための人柱みたいに思えちゃって」

吉沢さんはそう言って、細い二の腕を自分でさすった。

人柱。

本家を栄えさせるための？

いや。

本家だったのか、それとも──。

「これも、母親から聞いた話なんですけど」

吉沢さんは言う。

「あるときうちの母、ちょっと遠くから、福美さんの後ろ姿を見たそうなんです。もういい加減、彼女もおばあさんだったんですが……」

福美は、畑仕事をしていた。

作業の手を止め、なぜだかじっと遠くを見ている。

彫像のようにも思えたそうだ。

「うちの母、どうしたんだろう、具合でも悪いのかなって思って、近づこうとしたらしいんです。そうしたら」

ぐふっ。

笑い声がした。

小さく、かすかに。

ぐふっ、ぐふっ。

福美だった。

なんとも気持ちの悪い笑い方。

聞いてはいけない、笑い声に思えた。

顔は見なかった。

吉沢さんのお母さんは、福美がこちらを振り返らないようにと祈りながら、逃げるように畑を離れた。

「ただ、それだけの話なんですけどね」

吉沢さんはそう言って、薄気味悪そうに笑顔を作った。

裏神家と福美、そして一族の面々がその後どうなったか、もちろん吉沢さんには、分からないという。

28
ブラックホール
（秩父郡長瀞町）

利根川に続いては、荒川の話。

ちなみに荒川と言えば、鴻巣市《こうのすし》と吉見町《よしみまち》の境を流れる川幅（堤防と堤防の間）は二五三七メートル。

これは全国一位だそうだ。

名前が区名になった「荒川区」のイメージもあって東京の印象が強いが、その流域は東京都と埼玉県にまたがっている。

源流は、埼玉県秩父山地の甲武信ケ岳《こぶしがたけ》。源流から秩父盆地へと流れ、大里郡寄居町《おおさとぐんよりいまち》で南東に進路を変えて、関東平野に流れこんでいく。

つまり、ライン下りで有名な秩父の観光名所、長瀞《ながとろ》の渓流を蛇行する川も荒川だ。

そして、怪異はこの地にもあった。

「何しろ小学校低学年の頃ですから。詳しい場所は覚えていないんです。でも、長瀞だったと思うんですよね、怖かったあそこって。うん、多分そう」

荒川での恐怖体験を聞かせてくれたのは、真奈美さん。

四十代の女性である。

今から三十数年前の話だそうだ。

水が静かに流れていることから、水に静かで「瀞」。そんな「瀞」が一キロもの長い区間に渡って続くため、「長瀞」と命名された。

かつての町名は野上町。

一九七二年に現在の町名に変更され、今や全国区の地名になった。

「私の父はK興業というバス会社にいました。当時は戸田に住んでいたんですけど、父は戸田営業所に勤務して運転士をしていました」

K興業は大きな会社である。

営業所間の交流もけっこうあった。

「なので、父のそうしたつきあいに、私もあちこち連れていってもらったんです。長瀞に行ったのも、そんな交流会のときだったと思います」

真奈美さんはそう当時を振り返った。

当時の彼女は、小学一年生。

川辺での交流会にはたくさんの大人が参加していた。子供たちの人数は、真奈美さん本人を含めて六、七人だったと記憶している。

「暑い夏の日でした。大人たちは、川辺にテントを張ってバーベキュー大会というか、昼間からお酒を飲んで大宴会。子供たちは、みんなで川遊びに興じました」

子供だったせいもあるのか、そこは川幅もかなりある、大きな川だったという思い出がある。

川には滝もあった。

真奈美さんは他の子供たちと、近くに滝壺を見ながら冷たい川で、きゃっきゃと水遊びをした。

「子供といっても、私以外は五年生や六年生ぐらいのお兄さん、お姉さんばかり。元来人見知りな部分もありますし、みんな歳の離れた人ばかりだったので、どこか遠慮しながら、わいわいやっていたんですね」

川には浅い部分と深い部分があった。深いところには行かないようにと、みんなで注意しながら遊んだという。

もっとも、真奈美さんにはどこが危険なのか、言われなくてもすぐ分かった。

霊感があったのだ。

「今でも分かりますよ。川でも海でも同じです。水面を見ていると、渦が巻いているわけでもないのに、やたら濃く見える場所があるんです」

まるでブラックホールみたいにと、真奈美さんは言った。

「ブラックホールは動きます。川の流れに乗って一緒に移動するんです。それを見ると本能的に『あっ、いやだな』って拒否反応が出ます。だから小さな頃から絶対に近づきませんでした」

もちろんその日も、ブラックホールは流れてきた。

大きさは、まさにそれぞれ。

小さいものだと、片足がスポッと入るくらいの大きさ。大きくなると、一反木綿のような感覚がある。

水面に浮かんでいるように見えて浮かんでいるわけではなく、そこだけぽっかりと異次元への穴が開いているような、そんなイメージ。

真奈美さんは慎重にブラックホールを回避し、浅瀬で魚を捕まえたり、滝壺に近づいて潜ったりと川遊びを楽しんだ。

川辺のテントは、ずいぶん離れて見えた。

酒が入った大人たちは大声で笑いあったり声をかけあったりしながら、楽しそうにやっている。

父親の姿を探したが、どこにいるのか分からなかった。

「そのときは、確か滝壺の近くで遊んでいたんじゃなかったかな。気がついたらお兄さんやお姉さんたちともちょっと距離ができちゃっていて。まずいまずい、みんなのところに戻らなきゃって思って、そちらに近づこうとしたんです」

真奈美さんは川の中を移動しようとした。

そのときだ。

彼女は気づいた。

ブラックホールだ。

ブラックホールが上流から流れてくる。

しかも。

「私、ギョッとしてしまって。見間違いじゃないかって、何度も目をぱちくりさせました。でも、見間違いなんかじゃなかったんです」

真奈美さんは動転した。

ブラックホールは、これまで目にしたことがないほど大きかった。

黒く不気味なその穴は、ウネウネと形を変えながら近づいてくる。縦に横にとアメーバのように変形し、伸びたり縮んだりしながらこちらにくる。

直径は、二メートルはあったのではないだろうか。

しかも、いつも目にするそれよりさらに、今日の穴は暗かった。コールタールがドロドロと渦巻きながら流れるように。

その上、速い。

「まずい。まずい、まずいって。私もうパニックです。だってその気持ち悪い渦、私めがけて迫ってくるんです」

真奈美さんは慌てて川から上がろうとした。だが、突然まがまがしさを増した川の流れに足を取られ、進みたくても進めない。

嘘っ、やだ。

やだやだ、やだ。

真奈美さんはさらに焦った。

必死に足を動かし、前に進もうとする。ところが流れに煽られるように、滝壺のほうにどんどん吸い寄せられてしまう。

「私、さらに動転してしまって。滝から離れよう、川から上がらなきゃって足を動かすんですけど、どんどん滝壺に行ってしまうんです。しかも見ればブラックホールも、さらに私に近づいてきて」

——助けて。

真奈美さんは叫んだ。

大きな子供たちに、そして川辺の大人たちに助けを求めた。

——誰か。誰か助けて。

小さな身体で声を張り上げた。

だが、誰も気づいてくれない。

——誰か。誰か。

——誰か助けて。誰か。誰かあああ。

「もうだめだって思いました。ブラックホール、近づいてきたらもう絶望的な大きさなんです」

これは逃げられないと真奈美さんは思った。

黒く巨大な、アメーバのような塊がやってくる。

真奈美さんは動くのをやめた。

観念した。

そして。

「ブラックホールの中に、とうとう身体が入ってしまいました。その途端――」

川の奥深く、引きずりこまれた。

まるで排水溝に吸いこまれる無力な虫にでもなったかのよう。

大変なことになったと、改めて思った。

滝壺近くの川底は恐ろしいほど深く、小学一年生の小さな身体では、どんなにもがいても足がつかない。

それどころか、恐ろしい深さにまで引きずりこまれていく。

死んじゃう。

死んじゃう死んじゃう死んじゃう。

「私、恐怖に駆られて。必死に手足をばたかつせて水面まで戻り、顔と手を出してバシャバシャとやるんです。でも、誰も気づいてくれなくて」

何度も川底に引きずりこまれた。

それでも抗って、水のおもてに飛びだし、暴れる。

だがどんなに叫んでも、誰も気づかない。

それは、どれぐらいもがいた末のことだったか。

「川で遊ぶからということで、私、マリンシューズを履いていたんです。海で履くような、ゴムのついたシューズ。それが脱げて川の表面に上がってきました」

それを掴んだ。

思いきり放り投げる。

それと同時に、またしても、引きずりこまれた。

ごぼ。ごぼごぼごぼ。

大量のあぶくが口からあふれ、きらめく水面に上がっていく。

意識が遠のき始めた。

頭が痺れ、力が入らなくなってくる。

自分の身体が、自分のものではなくなり始めた。世界が暗くなっていく。

スーッと意識が遠のいた。

真奈美さんは感じた。何かが足に絡みつき、川の底へと引っ張っている。

気絶、しかけた。

そのときだ。

突然、引っ張りあげられた。

「それが大人なのか子供なのかも分からなかったです。気を失いそうになる寸前、ようやく助けてもらうことができました」

当時を思い出したらしく、声を震わせ、真奈美さんは言った。
何人もの大人たちが、バシャバシャと水を蹴散らして駆け寄ってくる。
その光景を今でも彼女は覚えている。
数人がかりで担がれた。
川から上げられ、川辺の砂利に寝かされる。
助かったと、安堵した。
「私、懸命に顔を上げてさっきまで自分がいた場所を見ました。でも――」
そのときには、ブラックホールはもうなかった。
そのホールって、要するに何だと思いますか――取材の最後に、私はそう聞いた。
すると彼女は長いこと考え、ようやく言った。
「もしかしたらって思うことはあるけど、やめときます。口にするのが怖いから」

池にいるもの（戸田市）

もう一つ、真奈美さんの話。

彼女は高校二年の夏まで、戸田市のSという町にいた。

戸田は、江戸時代には荒川を越える舟運の町——「戸田の渡し」として栄えたところ。

両親と暮らしたのは、そんな荒川の土手に景色を遮断された、川の脇のKマンションだった。

荒川の大きなうねりは今でも彼女の原風景だ。

だが真奈美さんは、家のすぐ横にある荒川と土手が大嫌いだった。

「時々家の手伝いに、県外からわざわざ祖母が来てくれたんですけど、私が幼い頃、おばあちゃん、いつも私に言ってたんですよね」

——真奈美。いい子にしていないと、土手から鬼が来るよ。堤防を降りて、こっちに来るよ。

「私、いつも思っていました。おばあちゃん、ほんとに鬼が見えていたんじゃないかって。それぐらい、荒川の土手はいやな場所でしたし、自分の家も大嫌いでした」

結婚をし、現在は他県で暮らしている真奈美さんだが、当時を思い出すと、今でも寒々とした気持ちになるという。

浦和で生まれた真奈美さんは、その後両親と戸田に越した。

マンションとは名ばかりの、六室しかない小さな建物。

和室の六畳が二間に、六畳のダイニングキッチン。

ほとんど正方形のその部屋で両親と生活をしたが、病弱だった母親は真奈美さんが小学校の時分から何度も入退院をくり返し、あまり家にはいなかった。

父親も、家に帰ってこない。

真奈美さんはぽつんと一人、そこにいた記憶が今でも色濃い。

「二階の一室だったんですけど、川の側にある私の勉強部屋からは、荒川の向こうに富士山が見えたんです。そして、マンションの裏手になるベランダからは、すぐそこに大きな池が見えました」

マンションのあたり一帯は、大家が所有する広大な土地だった。大家たち家族が住む広大な屋敷もマンションの真横にあった。

マンション裏にある大きな池も、大家のもの。周囲には鬱蒼と木立が広がり、ちょっとした森のようになっていた。周囲の建物や木々のせいで、あたりは昼間でも、どこかどんよりと暗かったという。

歪んだ円形のその池も、いつでも真っ黒だった。

「私、その池も嫌いで嫌いで。だって……」

真奈美さんは言いよどむ。

遠い記憶をたどる目には、重苦しいものが見てとれた。

当時、家族の洗濯機はベランダに置かれていた。

母親の調子が悪かったため、幼い真奈美さんがあれこれと家事をやらなければならないことも少なくない。

洗濯をしたり、洗い物を取りこんだりするには、どうしてもベランダに出なければならなかった。

学校から帰ってくる。

日が暮れかけると、真奈美さんは憂鬱な思いで掃き出し窓を開け、ベランダに出た。サンダルを履き、乾いた洗濯物を物干し竿から一つずつはずしていく。

なるべく池のほうを見ないように気をつけながら。

しかし。

……ぞくっ。

洗濯物を取りこんでいるだけなのに、鳥肌が立つ。

肌寒いわけではなかった。

それなのに、不気味な妖気が幼い真奈美さんの神経を逆撫でするように、足元から這い上がってくる。

「見ちゃだめ、見ちゃだめって何度も自分に言うんです。でも、ぞわぞわって鳥肌が立つと、子供ですから、どうしてもそちらに目が行ってしまう」

そして。

真奈美さんは動きを止めた。

ゆっくりと池を見る。

女がいた。

池の上に、こちらを向いて、浮いている。

痩せこけた若い女に見えた。乱れた黒髪が胸のあたりまで伸びていたが、うなだれているため、顔は見えない。

「ビジュアルで説明すると、ぐつぐつと煮こんだ湯葉を鍋からつまんで浮き上がらせたような感じ。分かりますか。白い服と池の水が繋がっているようにも見えるんです」

真奈美さんは目をそむけ、そそくさと洗濯物を取りこむ。

女はそこにいることもあれば、いないこともあった。だが、女を見てしまったときはいつも真奈美さんはいやな気持ちになった。

やがて、母が死んだ。

あっけなく旅立った。

真奈美さんが小学六年生のときだ。

すると。

いつの間にか、池は埋め立てられてなくなった。畑ができた。大家たち家族が農作物を栽培した。

女は二度と現れなかった。

けれども、怪異はなおも続く。

「母が亡くなって一年ほど経った頃でした。帰ってこないこともけっこうあった父親でしたが、とうとう、ほとんど家に寄りつかなくなりました。子供心に分かりましたよね。あっ、女ができたなって」

当時、真奈美さんは中学一年生。ただでさえ多感な時期に母を失い、父親にはネグレクト同然の仕打ちを受けた。

寂しかったし、やはり怖かった。

そもそもあまり好きな場所ではない。

「友だちなんて、家族でご飯を食べるのがふつうだったり、しかも出てくるご飯は手作りだったり。それがあたりまえと言えばあたりまえなんですけど、私のところは全然違った。知らない間に父親が帰ってきたらしく、お金が置いてあったりとか、テイクアウトの牛丼が置いてあったりとか。惨めな気分でした。一人でご飯を食べて、お風呂に入って、寝る。毎日一人ぼっち。そのくり返し」

母親を亡くしてから、真奈美さんは父にねだって犬を飼うようになった。

シーズー犬。

名前はチーズ。

家族はチーズしかいない孤独な暮らし。

夜中に目を覚ます。

勉強部屋のふすまは、いつも少しだけ開けて寝た。

父親は、やはり帰っていない。

つらかった。

真奈美さんにしてみれば、まだ母親は死んだばかり。それなのに、父に女がいることはもはや疑いようもない。何て薄情な男なんだと、我が親ながら怒りを覚えた。

そんな暮らしが、すでに何か月も続いていた。

電気を消して寝られない。

何が怖いのか分からないものの、ずっと胸騒ぎがしていた。身体を寄せて一緒にいる、チーズのぬくもりだけが救いだった。

真奈美さんはため息をつく。

再び目を閉じ、眠ろうとした。夢の中しか居場所がなかった。

どれぐらい経った頃だったろう。

彼女はうとうとし始めていた。

……ポワン。

音がした。

何の音か、すぐに分かる。愛用のＣＤラジカセ。電源が入ると、そのラジカセはポワンという音を響かせた。

「私、寝ぼけながら『あ、電源入った……』なんて思っているんです。電源が勝手に入ること自体変なのに、ぼうっとしちゃって頭が回っていない」

　ところが、おかしな現象はそれだけではなかった。

　ラジカセにセットされていたＣＤの曲が流れ始める。ボリュームが、どんどん大きくなっていく。

「さすがに飛び起きました。そんな音で音楽を聴いていい時間じゃないし、それより何より、頭がはっきりしてくると、どうしてこんなことが起きているのって、まったくわけが分からない」

　電源が勝手に入るのも変だし、ＣＤが鳴りだすのも変だった。しかも、いきなり大音量で鳴るのではなく、徐々に大きくなっていく。

　あり得なかった。

「だって、ボリュームをコントロールするツマミって、昔のものだから手で回すものだったんですね。指でつまんで回転させなきゃいけないの。なのに、それが勝手に動きながら、大音量にまでなるんです」

　故障でもしたのかと、最初は思った。ベッドから飛び降りたチーズが、落ち着かない様子で部屋の中を行ったり来たりする。

　だが翌日調べてみると、特に異常はなかった。

変だなと思いつつ、真奈美さんはそのままにした。

すると、翌晩も同じ現象が起きた。

そしてこの怪異な出来事は、その後毎晩のように、真奈美さんをベッドから飛び起きさせることになる。

「夢の中で音がするんです。ポワンって。『あっ、これ鳴る。消さなくちゃ』と思って、慌てて夢から覚めるの。で、急いで電源を消そうとすると――」

目の前で、ボリュームツマミが左から右に回転していく。

あり得ない。

どうしてこんなことが起きるの――真奈美さんはパニックになった。チーズがあちらへいったりこちらへ戻ったりして、一緒になってうろたえる。

真奈美さんはベランダ側にベッドをくっつけていた。ベッドの足元側の壁にはテレビやピアノが置いてある。

CDラジカセは、テレビやピアノと反対側の壁にくっつけて置かれた机の上にあった。

つまりベッドに横たわると、斜め後ろにラジカセがくる。

……ポワン。

今夜も。

……ポワン。

次の夜も。

……ポワン。

ＣＤラジカセは勝手に作動した。

「ポワンという音が、もう恐怖で。鳴るのは深夜。しかもなぜだか、父が帰ってきていないときに鳴るんです」

もしかして、亡き母親が父のことで何かを言っているのかとも思った。

だが、そうだとしたらこの怖さはいったい何なのだ。

やはりこれは、母親ではないのではないか——そんな気がしてならない。

ラジカセが毎晩狂ったように音量を上げるたび、チーズが反応し、ベッドから飛び降りると、低くうなって部屋を駆け回るようになった。

そして。

ある夜。

ついにチーズが、いつもとまったく違う反応をした。ＣＤラジカセに初めて異変が起きてから、いったいどれぐらい経つ頃だったか。

うー。

気がつくと、敵意もあらわにチーズがうなっている。

——どうしたの、チーズ。

目を覚まし、ベッドから身を起こして真奈美さんは聞いた。

枕元の時計を見れば、草木も眠る丑三つ時だ。

うー。

だがチーズは、真奈美さんなどおかまいなしである。小さな身体で威嚇を続ける。

窓の向こう——ベランダに向かって。

ベランダ。

「私、えっと思って。ぞわぞわぞわって、背中を鳥肌が駆け上がりました」

いやでも、思い出す。

黒い髪の女。

だがすでに、池はない。

池がなくなってから、二度と見ていない。

しかし——。

「気が違ったように、チーズが小さな身体で吠え始めました。そんなこと、これまで一度だってなかったのに」

引いているのは、白いレースのカーテンだけだった。

真奈美さんはベランダのほうを見ることができない。

鳴きやまない愛犬を何とかしようと、チーズを抱えようとした。

ところがチーズは部屋を飛びだす。今度は隣の部屋に行き、ベランダに向かってまた吠える。

どういうこと？

鳥肌が止まらなくなった。

確実に、チーズは何かを見ている。

ベランダの向こうに何かいる。

何かって何よ。

――ガチャン！

そのとき、すさまじい音がした。

真奈美さんは悲鳴を上げて飛びすさる。

これはいったいどういうことだ。ビデオデッキから突然テープが飛びだして、床を跳ね、壁へと転がる。

どうしていきなりビデオテープが飛びだしてくるのだ。

真奈美さんは何も触ってなどいなかった。

……あああ。

えっ。

……あああ。あああ、あ、ああ、あああ。

なに。なになに、なに。

すると、今度はいきなり不気味な声がした。

聞いたこともないような、薄気味悪い声。

女？

男か女かと言えば、きっと女だ。

しわがれたような女の声が、どんどん大きくなってくる。

「私、まさかと思ってラジカセを見ました。だって、そこから聞こえてくるんです。そうしたら」

ツマミがゆっくりと左から右に回転し――

あああ。

声が。

あああ。ああああ。あああああ。

不気味な女の声が、狂気の勢いで音量を上げる。

「多分私、悲鳴を上げていたと思います。ラジカセに駆け寄って両手で持ち上げ、床に叩きつけました。チーズはまだ鳴いている。私、隣の部屋に駆けこんでチーズを抱き上げようとしました」

真奈美さんは気づいた。

隣室に駆けこむなり、ひんやりと冷たい「氣」に全身を逆撫でされる。

まるで、冷凍室にでも飛びこんでしまったような感覚。

カーテンは開けっぱなしだった。

チーズがヒステリックに鳴いている。

ベランダに妖気を感じた。

やはり、そこに何かいる。

だめ。見ちゃだめ。絶対に。

真奈美さんは自分に言い聞かせた。

チーズを抱き上げ、勉強部屋に戻ろうとする。

ところが。

「私、つい見てしまったんです」

ベランダの向こうを。

真奈美さんは固まった。

悲鳴を上げる。

子供がいた。

たくさんの子供が、ベランダに張りついてこちらを見ている。

正確な数は分からない。

だが、おびただしい数の子供がそこにいた。

一様に痩せている。

みな、粗末な身なりだ。

ギラギラと目が光り、眼窩が窪んでいる。水面から口を出す鯉のように、みんなが口を開けている。

腹が丸く盛り上がっていた。

――真奈美、悪いことをすると土手から鬼が来るよ。

そんな祖母の言葉が蘇った。

鬼。

いや。

餓鬼。

小学生のとき、教科書か何かで見たグロテスクな生物を思い出す。

今それが、真奈美さんの目の前にいた。

冗談ではない。自分がいったい何をしたというのだ。

「そして、私は見たんです」

ふと、子供たちの背後に目をやった。

女がいた。

まさに昔、池があったあたり。

こちらを向いて、浮いている。

黒い髪が、その夜も顔を覆っていた。

「もう『ぎゃー』ですよね。私、チーズを抱かえて自分の部屋に駆けもどり、完全にふすまを閉めました。いつもはあまり引かない厚手のカーテンも窓に引いて、ベッドの布団に潜りこみました」

すると、ふすまを閉めた向こう。

何かがバタバタと動く気配がする。

やだ。

嘘でしょ、やだやだやだ。

抱きしめていたチーズが真奈美さんの手から飛びだし、再びベッドから駆け降りた。

火がついたような鳴き方で、ふすまの向こうに吠え始める。

やだ。やだやだやだ。

私、何もしてないよう。助けて。誰か。誰かあ。

真奈美さんは耐えきれず、頭までかぶった布団の中でガタガタと震えた。

……がらり。

ふすまが開く。

何かが部屋に入ってきた。真奈美さんは信じられなかった。怖い思いは何度もしてきたが、こんなことは初めてだ。

助けて。助けて。いやああ。

不気味な気配は、真奈美さんに近づいてくる。

ベッドの横に来た。

真奈美さんは半狂乱になり、今まであげたこともない悲鳴を上げた。

布団が引き剥がされた。

ぎゃあああ。

――どうしたんだ。

父親だった。

掛け布団をあげたまま、不審そうに真奈美さんを見る。

真奈美さんは父を罵倒した。

どうしようもなく、涙が出た。

この甲斐性なし。エロ親父。私にこんな思いをさせて。いったい全体どういうつもりだ、きさま。

父親は、困ったように立ち尽くした。

号泣して面罵しながら、真奈美さんは父親の首に歯形を見つけた。まだできて間もないらしい歯形からは、赤黒い血が滲みだしている。

「嘘かほんとか知りませんけど、その晩うちの父、女に別れ話を切り出して一悶着あったらしいんです。これ以上娘を一人にしておけないからもう別れると言ったら、女のほうは別れたくないって半狂乱になって、殴りかかるは包丁を持ち出すは、そのあげくに父の首をがぶり。吸血鬼かって感じですけど。で、そんな修羅場を経てうちの父、その晩は逃げるように帰ってきたらしいんです」

ずいぶん久しぶりの帰還だった。

真奈美さんが学校に行っている間に帰ってきて、お金を置いていくことはあったが、顔を見たのは二週間ぶりぐらいだったろうか。

「多感な少女でしたからね。女と別れてきたと言っても、やっぱり父親には不潔なものを感じたし、正直複雑な気分でした。でも」

ぎくしゃくとしたものではあったが、真奈美さんと父親の二人暮らしが始まった。

CDラジカセの怪異は、もう二度と起こらなかった。

そして、黒い髪の女も、もう二度と。

「あとになって思ったんですけど」

真奈美さんは言う。

「何だかんだありながら、怖いものが家にまで入ってきたことは一度もなかったんですよね。しかも最後は父が戻ってきてくれて。もしかしたら私が気がつかなかっただけで、母がずっと守ってくれていた気もするんです」

真奈美さんは少女だったその頃、時々土手に上がって川を見た。

富士山が綺麗だった。

だが、ここは自分のいる場所ではない。

そう思った。
荒川の大きなうねりは、今でも彼女の原風景。
少女だった彼女のそばを、いつも川はゆっくりと流れた。
そして。
彼女はいつも。
川を流れるいくつものブラックホールにぞっとした。

納骨堂（県内某所）

今から二十年ほど前。

迎え盆のことだという。

諸般の事情で「県内某所」としかお伝えできないことをお許し願いたい。

「御先祖様のお迎えに行きました。お盆の初日ということもあって、けっこうお寺は混んでいましたね」

そう語るのは、主婦の森下さん。

「一緒に出かけたのは夫と私、義母と義姉、私たちの娘の五人。夫も私も当時は三十代の前半。お寺は、歩いて五分ほどのところにありました」

古いその寺は、さほど境内が広くない。

本堂の近くに納骨堂があり、御先祖様はそこにいた。

「お寺の敷地自体、大きいわけではありませんからね。納骨堂もちょっぴり狭い感じです。

こちらも古さを感じさせる建物でしたけど、雰囲気は暗くありませんでした」

納骨堂は、玄関を入ると左右と正面にびっしりとロッカーのような納骨区画が並んでいた。

それぞれのロッカーは四つに区切られ、上に二つ、下に二つという田の字型の造りになっている。

「堂内には、十五人ぐらいいたでしょうか。御先祖様の骨堂は玄関を入って左手奥のほうにあり、私以外はみんなそっちで御住職を待っていました。読経をしていただくことになっていたので。私は一人みんなと離れ、玄関の真正面あたりにある納骨ロッカーの前にたたずんでいました」

当時も今も、人混みは大の苦手。誰もいなかったその場所を選んで、森下さんは住職を待っていた。

「そうしたら、どういうわけか突然調子が悪くなりました」

森下さんは動揺した。

めまいがしたかと思うと、胸にむかつきを覚える。どうしたんだろうと思いながら、しゃがみこんだ。

だが誰も、そんな森下さんに気づかない。森下さんはうろたえながら、えずきそうになる自分を制した。

八月の暑い昼下がり。

戸外に比べれば温度は低かったが、額に汗が噴きだすのが分かる。

すると。

カタカタカタ。

妙な音がした。

カタカタカタ、カタカタカタ。

不穏な何かを伴う音。

それが、どこからともなく聞こえてくる。

しゃがみこんだまま、森下さんは眉をひそめた。最初は地震かと思った。だが周囲は平和そのものだ。

すると。

「いきなり、離れて立っていた義理の姉が悲鳴をあげました。驚いてそっちを見ると、私を指さしています」

義姉は叫んだ。

——ちょっと。あんた、何してるの！　何してるのよ！

義姉は目を見開き、顔を引きつらせて慄《おのの》いている。

何をしているのと言われてもと、森下さんはとまどった。

カタカタ。

不気味な音はなおもする。

カタカタ、カタカタカタ。

音は、背後からしている。やっと気づいた。

振り返った。

ロッカー式の納骨堂の一つが振動している。

四つの区画が、四つとも揺れている。

「姉とは違う誰かの悲鳴が響いたことを覚えています。中にいた人みんながびっくりして同じ一点を見つめたはずです」

それは、森下さんの真うしろにあるロッカーだった。

確かにガタガタと揺れている。

あたりは騒然となった。

自分の見ているものが信じられず、森下さんは後ずさる。

ところが。

「場違いな声って、ああいうことを言うんでしょうね。その場の凍りついた空気とは全然違う明るい声でしゃべりながら、御住職がお堂に入ってきました」

住職は当時四十代。

PTAの活動で一緒になることもある顔見知りだった。

住職は、ある二人連れとわいわいと話しながら納骨堂に現れた。女性のほうは高齢で八十代ぐらい。男性はそれよりかなり若く、六十代ぐらいに見えたという。

賑やかに話す三人につられ、堂内の空気は徐々に変わった。入ってきた二人連れは、例の納骨ロッカーの前に行く。

そのときにはもう、振動は収まっていた。

「二人はしゃがむと下の段、左側のロッカーの扉を開けて、お参りの準備を始めました。供物やお線香、お花を供えていきます」

それを見た途端、森下さんは確信した。さっきまで揺れていたのは、たった今扉の開けられたこの納骨堂に違いないと。

すでにお迎えの来た納骨堂は観音開き仕様の扉が開けられ、お供えなども整っている。

さっきまで振動していた四つの納骨ロッカーの中では、今お迎えに来た家族が最後の一組だ。

「多分、その納骨堂に祀られていたその家族の御先祖様が、目の前に座りこんでいる私に『どきなさい！』とメッセージを送ってきたんじゃないでしょうか。何しろお盆ですからね。一族の人が迎えに来るのを待っていた幽体が、いよいよ来たぞと分かって邪魔な私に警告を与えた……それが真相なんじゃないかなって思うんです」

件の二人は、それまでのパニックなど知るはずもなく、ロッカー式納骨堂の前に座り、線香を上げ、粛々と手を合わせた。

そこにいた人々はなおも狐につままれたような気分ながらも、三々五々、それぞれの日常に戻っていった。

「それ以来、人様のお墓や納骨堂の前には、二度と立たなくなりましたね」

森下さんはそう言って、薄気味悪そうに苦笑した。

第二町谷踏切（桶川市）

その店は、有名な心霊スポット、第二町谷踏切の近くにある。

なお、場所が特定されないよう「店」という曖昧な言い方に終始することをお許し願いたい。

十二年ほど前、パートで働いていたその店の近くに、マニアに人気のオカルトスポットがあることは、主婦の木崎さんも知っていた。

五十代の女性。

人には言わないが、幼い頃からよく霊と遭遇した。

そんな木崎さん。

第二町谷踏切には、忘れられない思い出がある。

彼女が家族と暮らすのは、桶川市。

江戸時代、中山道の宿場町として発展した、県中東部に位置する市だ。現在もそここに、桶川宿時代の栄華を感じさせるような建物が残っている。

第二町谷踏切は、そんな桶川市のターミナル駅、桶川駅から約一キロの距離にある小さな踏切で、北上尾駅と桶川駅の間にある。

線路を挟むようにして、神社と墓地が向かい合う独特な地形も有名だ。

走っているのは、高崎線。

群馬県の高崎駅から埼玉県の大宮駅までを結ぶ大動脈幹線で、都心に向かうための電車として利便性が高い。

だが高崎線は、事故の多い路線としても有名だ。

北上尾駅と桶川駅間にフォーカスしても、人身事故が少なくない。そんな区間の中でも、とりわけ名高いのが、第二町谷踏切である。

人影のような黒い靄が見えたり、夜、渡ろうとすると金縛りに遭ってしまうといったいやな噂がある。

しかし、木崎さんが体験したのは、さらに不気味な話だった。

「三十代ぐらいの若い男性でした。ちょっとふくよかな感じのかわいい女性を連れて、よくお店に来ていたんです。お客さんですし、私は挨拶を交わす程度でしたけど、一緒に働いていた美由紀さんっていう若い奥さんがいて……」

明るく、社交的な人柄の女性だった。

男性客のAさんや、その彼女であるBさんとも、次第に親しくなった。年齢が、ほぼ同じだったせいもあったろう。

「その美由紀さんが『Bさんから聞いたんだけど』と言って話してくれたんですが……。Aさんって、Bさんとつきあう前に交際していた女性がいたらしいんです。でも、何があったのか知りませんけど、自殺をしたらしいんですね、その人。で、Aさんが言うには——」

彼には、霊感の強い友だちがいた。

その友人は、亡くなった女性が第二町谷踏切に立っているのを目撃したことがあるという。

Aさんのマンションは、件の踏切からちょっと行ったところにあった。

友人は引っ越すことを勧めたが、Aさんは「俺、そういうの信じないから」と意に介さなかった。

女好きの、軽薄な遊び人。

そんな第一印象は間違っていなかったらしいと、木崎さんは思った。

Aさんは、すらりと背が高く顔立ちもよい。だが、どこかにいやなものがあると、彼女は感じていた。

「でもBさんはAさんにぞっこんだったらしくて。きっとうまいんでしょうね、女の扱いが。ちょっと曰くありげな過去を持つ男性なのに、足繁くマンションを訪れては、あれこれと尽くしていたみたいなんです」

そんなある日のことだった。

また店に、AさんとBさんが連れ立ってやってきた。

いつものように笑顔で挨拶をしようとした。

だが木崎さんは、凍りついた。

化け物がいる。

この世のものではない不気味なそれは、仲睦まじげに買い物をする二人の後ろにいた。

首が、異様に長い。

言うなれば、ろくろ首である。

髪をショートカットにした若い女。パジャマがボロボロになったような服に身を包んでいる。

目を見開いたままだった。

長い首を持てあましたようにうなだれている。

木崎さんはハッとした。

もしかしたら、Aさんのかつての恋人ではないだろうか。第二町谷踏切に立っていたという哀れな女性を、ふと思った。

ひょっとしてこの人は、首でもくくって亡くなったのか——そうも思ったという
しかし、もちろんAさんとBさんは気づかない。いつもと同じ、仲のよさそうな雰囲気で笑ったり話をしたりしている。

二人に応対しながらも、木崎さんは落ち着かなかった。うなだれて立つ長い首の女は、虚ろな目つきで口を開けている。

いやな予感がした。

そして。

案の定それは、始まりに過ぎなかった。

「何回か、二人と一緒に店にくる不気味なお化けを見たんです。いやだなあって思いながら、どうすることもできずに私は接客をしました」

そんな日々が、長いこと続いた。

やがて。

Bさんが一人で店にきた。

木崎さんは声を上げそうになった。

若い女のお化けがいる。

Bさんに、背後から抱きついていた。

しかもその長い首は、Bさんの首に巻きついている。

「Bさん、いつものようにニコニコしていましたけど、どこか無理をしているようにも見えました。そのときは、美由紀さんもお店にいたのかな。あとでさりげなく、Bさんの最近の様子や、カップルの話を聞こうとしたんですが美由紀さんも何も知らないみたいで。これといった情報は得られませんでした」

いやな予感は、ますます大きくなった。

かつては連れ立って、店にやってくることの多かった二人。だがいつの間にか、それぞれ単身で訪れることが増えた。

人なつっこいAさんは木崎さんや美由紀さんと、それまでと変わらぬ様子で挨拶をしたり、雑談をしたりして帰っていった。

だが、Bさんは違った。

あるとき、Bさんが一人でやってきた。

「目を疑いました。前に会ってからまだそんなに経っていなかったはずなのに、別人みたいにげっそりとしてしまって。健康的っていうか、ピチピチとした感じが魅力的だったB

さんは、もうどこにもいません」

色白だった肌は、土気色になっていた。

目は落ちくぼみ、頬はえぐれ、化粧ではごまかしきれないほどの「禍《わざわい》」が、痩せ細った身体から滲みだしている。

ぶちゅぶちゅと、いやな音さえ立てそうなほどに。

背中には、やはり化け物がいた。

しかもよく見れば、Bさんの首に食いこむ化け物の首は、かつてよりキリキリと強く巻きついている。

見開かれたままの化け物の目は、あらぬほうを向いたままだった。あまりのおぞましさに、木崎さんは慌てて視線をそらした。

「でも……その後Bさんがどうなったかは、私には分からないんです。お店に来なくなってしまいましたから」

当時を思い出して、木崎さんは言った。

美由紀さんも仕事を辞め、木崎さんは別の何人かのパート女性と、同じ時間に店を担当することが多くなった。

Aさんは相変わらず一人で店にやってきたが、もはや情報は手に入らない。

そのうち彼も、ぷつりと顔を出さなくなった。

店に――いや、木崎さんに、平穏が戻った
少しずつ、いろいろなことを忘れていった。

「それからどれぐらい経ったんだったかな。よく覚えていないんですけど、半年ぐらいは経っていたかも知れないですね」

ある日、美由紀さんがふらりと店に遊びに来た。

以前と変わらない明るい様子。

ヒラヒラと両手を振りながら、彼女は現れた。

木崎さんは笑顔で答えようとした。

だが、たちまち表情が引きつった。

「化け物に抱きつかれていました。ええ、あの化け物です」

そこまで聞いた私は唖然として、木崎さんを見た。

木崎さんは私にうなずく。

「そういうことになっていたらしいんです。いつの間にか。私の知らないところで」

彼女は、苦笑した。

美由紀さんが店にきたのは、結局そのときだけだった。

夫も子供もいたはずの人妻がその後どうなったのか、もちろん木崎さんには分からない。

「元気でいてくれればいいんですけどね。美由紀さんもBさんも」

複雑そうな表情で、取材の最後に木崎さんはそう言った。

うしろ（川口市）

今井さんは四十代の女性。

仕事柄、不思議な人と会うことが多いが、この人もじつに不可思議だった。

彼女が関東で暮らすようになったのは、東日本大震災の二週間後ぐらい。私が今でも忘れられないのは、今井さんが新たに住むようになったアパートの近くで、突然見えない濁流に呑みこまれたという話である。

さすがに「はあ？」となった。

歩いていたら、突如としてすさまじい「気の濁流」に遭遇したのだという。

ドドドドッ。

ドドドドッ。ドドドドドドッ。

それはもう、音さえ聞こえそうなほどだったらしい。今井さんは、何事だと驚きつつ、
原因を突き止めようとした。

見ると、さる高名な神社がそこにある。濁流状態の川を思わせる「強烈な気の流れ」はそちらから来ていた。

すごい勢いで、気の奔流が流れてくる。彼女は人目を気にしつつも、流れに逆らい、気をかき分けて前へと進んだ。

「まわりから見るとフラフラしながら歩いている、ちょっと危ない人です。でもそんなこと、気にしていられません。私はもがきながら懸命に進みました」

うつむくどころか、前のめりになって歩く。

周囲を行き交う人々が、いぶかしそうに今井さんを見た。

それでも彼女は、もがきつつ進んだ。

すると。

濁流がとぎれた。

いきなりだった。

今井さんは顔を上げた。

神社の入り口を通りすぎたところ。

濁流のような強い気は、その神社から出ていた。

「そのときの正直な気持ちは『何この神社。絶対関わらないほうがいい』でした。私にとって神社って言うのは、静寂で整っていたり、やさしい女神様がいたりというのが子供の頃からのイメージだったので。入り口から濁流が噴きだしているなんて意味不明すぎます」

今井さんはそう言って笑う。

「とは言え、あの気の流れは使えるぞとも、実は思いましたけど。少しぐらいの穢れなら、あの濁流に入れれば綺麗さっぱり落とせるに違いないですから」

今井さんは「はあ……」と言葉を失う私に、確信に満ちた調子でそうも言った。

面白い人だな。

私は物書きとしても占い師としても、さらには、神仏に崇高な念を抱きつつ生きる人間としても、彼女に惹かれた。

神仏の気を感じたり、時にはその姿を目にしたりすることもある特異な霊能者――それが、私が出逢った今井さんという不思議な女性だった。

聞けば今井さんは、埼玉県内の神社をいろいろと回っているという。

「埼玉の神社って言うと、まずはやっぱり一宮。さいたま市の氷川神社かなと思うんです。でも氷川神社って本殿の神様は……私としては人格があるような神様ではなく、むしろ雄大な自然のパワーを強く感じました。大地のパワー。大空にスコーンと抜けていくような、そんな力が強かった。いわゆる『神様的な感じ』を受けたのは、どちらかと言えば『蛇の池』のほうです」

武蔵一宮氷川神社は、二四〇〇年以上の歴史を持つ国内屈指の古社。

初詣には毎年二〇五万人以上の参拝客が訪れる。「大いなる宮居」として、旧地名である「大宮」の由来にもなったパワースポット。いつ訪れてもたくさんの人々で賑わう県内屈指の観光名所の一つでもあるが、そのうちのいったいどれだけの人が「蛇の池」にまで行くだろう。

氷川神社は、日本一参道の長い神社としても有名だ。

長さはおよそ二キロメートル。鳥居は一の鳥居から三の鳥居まであり、一の鳥居があるのは大宮駅とさいたま新都心駅の中間ぐらい。いわゆる「境内」には、三の鳥居を潜ってようやく入る。

参道を歩き、神池を見ながらまっすぐ進むと、朱色の楼門が見えてくる。

ここを入れば、いよいよ拝殿だ。

だが「蛇の池」に行く場合は、楼門を潜らずぐるりと左に回る。

そうすると、そこに。

神様がいらっしゃる――。

今井さんがピリピリとそう感じたのは、手水舎を越えてすぐのところにある「神水」や

「神井戸」のあたりから、最奥の「蛇の池」までずっと。

「ただし『蛇の池』まで行ってしまうと、実は行きすぎなんです。本殿に入る手前、湧水が染み出している砂利のところから『蛇の池』へと続く道のあたり。あそこの地下からずっとパワーが出ているんですけど、途中に人工的に作られた湧水の出る場所があり、私が一番力を感じたのはそこですね」

地下から涌き出る水のパワー。

そこにおわす聖なるものは、水脈と湧水の神様ではないかと今井さんは言う。

その神様は惜しむことなく、人間にもしっかりと恵みを与えてくれる、おおらかな神様だと感じるそうである。

「蛇の池にまでお参りに行くのは、地元の人か、そうじゃなければ『分かってる人』だと思いますよ」

今井さんはそうも言う。

途中の道でパワーをもらい、たどり着いた「蛇の池」では願いごとの欲や穢れを落とし、帰り道でまたパワーをいただく――。

そんな人が多いのではないかと。

「氷川神社ってもともと水の神様だとか、水に関係した商売繁盛の神様な気がするんです。

酒造りとか稲作とか、水に関係する商売と言ったらいいか。古代は水こそが発展に必要なものだったと思うので。『蛇の池』は商売繁盛とか金運にすごくいい気がしました」

氷川神社に参拝の折は、ぜひみなさんも「蛇の池」の神様にも手を合わせてみてはいかがだろうか。

さて、それはともかく。

そんな今井さんがここ最近ずっと悩まされているのが、同じオフィスで働いている男性社員だった。

会社は川口市にある。

川口市は人口約六〇万。さいたま市に次いで、県内二位の規模を誇る。

その男性社員は、今井さんの真うしろの席にいた。

長いこと、ずっと咳をしている。

病院ではアレルギー性のものだろうと言われたそうだが、電話でしゃべろうとしても咳が出て言葉にならないほど、ひどい状態になっていた。

「アレルギー性なので感染するはずはないんですけど、あるとき私も、何か喉にイガイガしたものが絡む感じになって、ついに咳が出始めました」

今井さんも、男性社員と一緒に咳いた。

二人して、咳きこんだ。

なかなか治らない。もしかして風邪を引いたか、あるいはウイルス性の気管支炎にでもなってしまったかと気を揉んだという。

そんなある日。休日の朝だった。

体調は、相変わらずである。

最悪だと思いながら、今井さんはベランダで洗濯物を干した。夏の暑い盛りだったが寒気がし、さらに調子が悪くなる感じがした。

やっぱりおかしい――今井さんはそう思った。男性社員に憑いているいやなものに、自分も冒されてしまったらしいと直感的に察した。

――あいつのところから来たのなら、あいつのところに戻れ。

怒りとともに、今井さんはそう念じた。

その瞬間、嘔吐しそうになった。

だがその後は、ようやく身体が軽くなり、苦しい咳も体調の悪さも嘘のようになくなっていった。

憑いているものを祓うには、こんな風に強く念じるだけでも効果があるようだ。

「その男性社員は問題のある人物で、人からの恨みをたくさん背負っているんです。とにかく口が達者。そのしゃべりにだまされて損害をこうむった人たちが大勢いるんですね。ところが、そんな彼が咳でしゃべれない。電話で話そうとすると、途端に咳の発作が始まって、『黙れ、その口を閉じろ』とでも言われているみたいなんです」

当の本人も電話が終わるたび、「どうしてしゃべろうとすると咳が出るんだ」と首をかしげるほど、症状の出方が変だった。

今井さんはそんな背後の男性社員にハラハラし、二度と私に憑かないでと祈りながら、元の日常に戻って自分の仕事をこなそうとした。

ところが。

「そいつ」は再びやってきた。

またしても、うしろから。

「やっと私の咳が収まって、三週間ぐらい経った頃でした。いつものように咳をしながら働く、うしろの男性社員を気にしながら仕事をしていたんですが――」

ぞくり。

鳥肌が立った。

いやな予感。

今井さんは戦慄を覚える。

ごほっ。ごほっ。

男性社員が咳をした。

彼はそのときも電話をしていた。

すでに一時間近くも、相手に嫌みな説教をしている。その声が、今井さんの身体にもずっと響き続けていた。

「それが、よくなかったんだと思います」

今井さんはそれでも、何でもないふりをして仕事をした。

何しろたくさんの人が働く昼間のオフィス。

人目がある。

だが。

「突然、胸の真ん中あたりに違和感を覚えました。えっ！　となって、また何かに憑かれてしまったかと愕然としたんですけど、もうどうにもなりません」

胸のあたり。

違和感は、あっという間に大きくなっていく。

ごほっ。

ごほっ。げほっ。

男性社員が咳をする。

ぞわ。

ぞわぞわぞわ。

何かが身体の中で蠢いているような、すさまじい気持ち悪さを今井さんは感じた。

吐き気がした。席をはずし、誰もいないところに駆けこんだほうがよいと頭では分かっている。

しかし、身体が言うことを聞いてくれない。

ごほっ。ごほっ、ごほっ。

耳障りな咳の音。

助けて。

ぞわっ。

ぞわぞわぞわっ。

身の毛もよだつ不快感。

「まずい、完全に憑かれたって思うんですけど、後の祭りです。胸のあたりで蠢くものが、見る見る肥大していく。皮膚を破って、そいつらが身体の表面に飛びだしてくるような感覚がしました」

うわあ。
ごほっ。ごほっ。
うわあ。助けて。うわあああ。
ぞわぞわ。ぞわぞわぞわぞわっ。
今井さんは心の中で悲鳴を上げた。
助けて。ねえ、助けて。誰か。誰か！
本当は口に出して叫び、椅子から飛びだしたいぐらいだった。
必死に理性をかき集め、自分を制する。
だが、こみあげてくるものは容赦なかった。
周囲はいつもと同じである。
慌ただしくはあるものの、平凡と言えば平凡な日常。
方々で電話が鳴っている。
社員たちが言葉を交わし、窓からは明るい午後の陽が差しこむ。
助けて。助けて……。
しかし。
——ごはっ。

今井さんは、ついに吐いた。

もちろん誰も気づかない。今井さんが耐えきれず嘔吐したことを知るのは、彼女ただ一人だった。

——ごはっ！

吐いた。

——ごはっ、ごはっ！

吐いた。

ミミズを。

おびただしい数のミミズ。

嘔吐するたびぐじゅぐじゅと、それはあたりにぶちまけられる。グロテスクにのたうちながら、ミミズたちが口からあふれ出してくる。

助けて。誰か助けて。

ぐじゅぐじゅぐじゅ。

——ごはっ、ごはっ！

助けて……。誰か！　誰かあああ。

ミミズは、胸からも皮膚を破って飛びだした。背中も破れ、そこからもピンクのミミズが、次から次へと噴きだしてくる。

ごはっ。

ぐじゅぐじゅ。

ごはっ、ごはっ。

ぐじゅぐじゅぐじゅ。

いつもと変わらぬオフィス風景。今井さんはただ一人、口から、胸から、背中から、大量のミミズをぶちまける。

ミミズは耳からも這い出した。

助けて。助けてえええ。

「もうだめだと思って。とにかく席を立ってトイレに駆けこみました。ミミズの集団は、どんなにぶちまけても、胸の真ん中にまだいっぱい詰まっているんです。喉に憑いてくるのと違って、簡単には取れません」

何とか仕事を終えて帰宅をすると、今井さんは身体に憑くものを自力で剥がした。念の手でつかんでぶん投げたり、神気のコピーもどきで自分の身体をプロテクトしたりする。

「その男性社員、原因不明の咳が出始めてからずいぶんになりますけど、そうは言っても彼、死んではいませんし、大きな事故にも遭ったりしていないんで、御神仏の障りではないと思うんです。とは言え、最近はひどい状態でまわりにも影響が出始めているので、どうしたらいいかと思ったんですけど……」

幸運にも、事態は現在、ようやく解決へと向かっている。

目下の今井さんはプライベートを利用して、会社から持ち帰った「穢れ」を方々の神社に持ちこみ、浄化してもらっているという。

彼女にそれを指示したのは、会社におわす神様。

長いこと不在だったのに、近年ある理由で社長の信心深さが増して以来、会社の神棚の気が日に日に変わり、神様が戻ってきたことに今井さんは気づいた。

「そんな神様に命じられたことにも気がついて、社内の浄化の仕事をするようになりました。なんで私がって思わなかったわけでもないんですけど、これも修行かなって。おかげさまでだいぶ綺麗になりましたよ、うちの社内の気」

長いこと悩みの種だった社内に漂う下水の臭いも、神棚に神様を感じるようになったのと前後して、嘘のように消えた。

「もっとも、臭いがなくなったから神様が来てくださったのか、神様の力で匂いがなくなったのかは定かではないんですけどね」

今井さんはそう言って、苦笑した。
世の中は、やはり怪異と神秘に満ちている。

鼻番の顛末（和光市）

「多分、五年ぐらい前だったと思います。季節は八月。夜の八時ぐらいだったんじゃないかな」

そう言って不気味な体験を語ってくれたのは、当時タクシードライバーをしていた長田さん。

四十代の男性だ。

その夜のことは、今でもよく覚えているという。

じめっとした霧雨の夜。傘を差さずに歩いたら、ぐっしょりと濡れてしまうような雨だった。

「当時、私は和光市の担当だったので、和光市駅南口のタクシー乗り場に鼻番《はなばん》で待っていました」

鼻番とは、タクシー業界の専門用語。タクシー乗り場などで客待ち車両の先頭になることを言う。

和光市駅は埼玉県南部の和光市にある、東武鉄道の東上本線と東京メトロ有楽町線・副都心線が乗り入れる駅。

東京メトロの駅としては唯一埼玉県内にある駅としても有名だ。

「若いカップルが賑やかに話しながら乗ってきました。行き先は近かった。一メーター圏内でしたね。Sというところにコンビニがあるんですけど、そこまで行ってくれという話でした」

長田さんは車を発進させた。

一キロもない短い距離。タクシー乗り場を後にして、東上線かたわらの道を、スピードを上げて東南に向かう。

そこは信号に引っかかることもないため、好んで使うルートだった。

「お客さんに指定されたコンビニに向かうには、跨線橋《こせんきょう》を渡らなければなりません。そして橋を渡ったら、二百メートルかそこらでもうコンビニです」

長田さんは橋を渡るべく交差点で車を止めた。

とにかくそこは、見通しが悪い。必ず一時停止をし、しっかりと左右を確認して左折するのが常道だ。

大丈夫だと判断した。

彼は、左折をしようとした。

そうしたら。

「ギョッとしました。えっと思い、ついつい凝視しながら、私はハンドルを左に回し続けました」

長田さんは見た。

いる。

この世のものではない者が。

女の子だった。橋のたもとに立っている。

年の頃は、五、六歳。

力なくうなだれていた。黒い髪がバッサリと顔を隠す。

女の子は、上半身だけだった。

足がない。真っ白な着物を着ていた。

「生々しかったです。人が物理的に現存している姿とまったく変わらないぐらい。ただ、下半身がない。私からすると、後部シートでわいわいとはしゃぐカップルの後ろ……窓越しに女の子が見えるんですが、もちろん二人は気づかないみたいで」

左折をし終えると、長田さんはバックミラーでも確認した。

やはりいる。

ミラーに映る幼い少女は、何だか寂しそうだった。

「おそらくですけど……事故か何かに遭遇して亡くなった御霊《みたま》ではないかなって思いました。着ているのは白い着物に見えましたけど、ひょっとしたら病院着だったかも知れない。亡くなるときに着ていた服。うつむいていて、そこに黒い髪が垂れ下がっているものですから顔は見えないんです。でも悲しそうな、まだこの世に未練があるような、そんなせつない雰囲気を感じました。あまりに鮮明な霊で、怖かったです」

長田さんはコンビニで客を降ろし、再びそこに戻った。

だがもうそのときには、少女はいなかった。

相変わらずの霧雨が、少女がいたはずの場所を濡らした。

橋の名前は、大和橋《やまとばし》だったという。

赤い線（川越市）

もう一つ、長田さんから伺った話。

時代は、現在四十代半ばの彼が中学二年生だった頃に遡る。

話の舞台は川越市。

小江戸川越と呼ばれ、県内有数の観光地として人気を集める川越には「川越氷川神社」や「喜多院」を始めとした様々な神社仏閣、いつもたくさんの観光客で賑わう「蔵づくりの町」など多彩なスポットがある。

長田さんの実家は、そんな川越市の一角にあった。

近くを国道十六号線が走る住宅街。

家族は、両親と長田さんに妹。

一軒家で暮らしていた。

当時、家族はみんなで首をかしげた。

「どうしてだろうねとみんなで不気味に思って。写真を撮ると、全部の写真に赤い線が入るんです。赤くて太い、光の線。当時はまだフィルム写真で、写真店に現像に出してプリントしてもらう時代でしたが、できあがったすべての写真に赤い線が走っていました」

しかも、一度や二度のことではない。

何だかいやだねと言いながらも、家族はとりあえず、そのままにした。

ただ。

一つだけ、時期的に符合することがあった。

長田さんの母親、葉子さんのことだ。葉子さんは当時四十代だったが、強く請われて神職の道を歩み始めていた。

西日本某県の生まれ。七人兄妹の長女として生を受け、二十四歳のときに結婚をして、長田さんたち兄妹をもうけた。

身体の弱い人だった。

何をしていても、すぐに疲れて動けなくなってしまう。

病院からは自律神経失調症という診断を受け、薬を飲んだりもした。だがどんな治療を受けても、激しい疲労は改善しない。

「そんな母でしたが、知り合いのつてで神道の道に入る御縁をいただいたんです。そうしたら、その世界に入った途端、見る見る頭角を現しだして、嘘みたいに体調もよくなっていきました。あれには本当に驚いた」

葉子さんは、なるべくして神職になったとも、実は言えた。

少女の頃。

家の近くにあった寺の住職から、ぜひ養女に迎えたいという申し出を受けた。住職は、葉子さんの両親が拒んでも、何度も同じ申し出をした。

「昔の話ですから、養子や養女というのはけっこうあったらしいんです。でも祖父母にしてみれば、何と言っても私の母は長女でしたから『下の子だったら』と御住職に話をしたようなんですが、私の母でなければだめだと。おそらく、母の潜在能力を見抜いていらっしゃったんでしょうね」

結局そのときは、養女に出されることもなく成長した葉子さんだったが、四十代という成熟期に、ついに信仰の道に入ることになった。

しかもそのことで家族も驚くほどの変化を見せ、彼女は活き活きとし始めた。

輝いた。

「そして、とうとう宮司さんの目にもとまるようになって、重要な務めまでどんどん任されるようになっていきました」

長田さんの家で奇妙な現象が現れるようになったのは、まさにそんなときだった。

写真を走る赤い線しかり。

さらには――。

「実家は二階建てなんですけど、今度は夜中になると、誰かが階段を上ったり下りたりする音が聞こえるようになりました。もちろん私たち家族ではありません」

とんとん、とん。

とん、とん。ととん。

家族ではない何ものかが、深夜になると毎夜のように階段に現れた。

家族みんな、気の休まらない時期が続いた。

「こんなこともありました。当時、私は中学生。やんちゃな盛りでしたから、週末になると玄関ではなく窓から屋根に上がって、家々の屋根を伝って近所のコンビニまでこっそりとお菓子を買いにいくようになったんです。楽しかった。そういう時期ってありますよね」

内緒にしていたつもりだったが、葉子さんは気づいていた。そしてあるとき、彼女は二階の長田さんの勉強部屋に憤然とやってきた。

「それはもう怖い顔をして『あんた、今どこに行ってたの』と怒るんです。私にしてみたら、しまった、ばれちまったかという展開ですよね。ところが、そうはならなかった」

なぜか。

そのとき、長田さんは家など抜け出してはおらず、ベッドでぐっすりと眠っていた。

つまり、母親に叩き起こされた。

寝ぼけた息子の顔を見て、葉子さんも自分の間違いに気づいたという。

それでは、あの音は何だったのかという話になった。

葉子さんははっきりと聞いていた。

誰かが屋根を伝って長田さんの部屋に入った音を。

薄気味悪くなり、二人は長田さんの部屋の中を思い思いに見回した。

撮った写真を現像に出せば、なおも写真店は、赤い線が稲妻のように走る不気味なプリントを家族に渡した。

やがて。

とうとう、ある晩。

決定的な事件が起きた。

「妹の春菜が風呂に入っていたんです。洗い場で鼻歌なんか歌いながら、髪の毛を洗っていたらしいんですね、そうしたら」

ぞわっ。

春菜さんは突然寒気を感じた。

浴室の温度が下がったような感覚がする。

そんなはずはなかった。湯船に張られたたっぷりの湯は熱いほどだったし、シャワーも出しっぱなしにしている。

バスルームにはもうもうと湯煙があふれ、たった今まで心地よかったのだ。

「変だなって思ったんでしょうね。頭をシャンプーまみれにしたまま、妹は顔を上げたそうです」

目の前の壁には鏡があった。

湯気で曇っている。

よくは見えなかったが、春菜さんは見た。

背後で、何かが動いた。

「いやな予感がしたんじゃないかな。相当怖くもあったでしょうね。妹、何も気づかなかったふりをして再び目を閉じ、シャカシャカと頭を洗ったそうです」

ところが。

ぞわり。

ぞわっ。ぞわっ。

鳥肌が、止まらない。背中のほうの温度が明らかに下がり、鳥肌は背中だけでなく、足にまで広がった。

春菜さんは覚悟を決めた。

顔を上げる。

浴室に響くシャワー音。湯煙が立ちこめている。

だが。

「やっぱり何かいるって分かったらしいんです。曇りガラスに、自分ではない何かが映っている。それは、背後にいたそうです」

どうしよう。

助けて。お母さん、何かいる。

春菜さんは心で悲鳴を上げた。

もうシャンプーどころではない。

振り向けば、それは目と鼻の先にいるだろう。しかし、とてもではないが振り向く勇気はない。

……あぅ。

えっ。

ぎくっとした。
気持ちの悪い声。
シャワーの騒音とともに、確かにはっきりと、耳に届く。
……ぁう……ぁう、ぁう……。
いや。いやあああ。
……ぁう、ぁぁう、ぁう……ぁう、ぁぁぁ……。
いや。そんな声出さないで。そんなにくっつかないで。
……ぁうぁ、ぁう、ぁ……ぁうぁう、ぁうぁうぁうぁ……。
誰か。誰かあああ。
春菜さんはパニックになった。
かぶりを振る。後先考えず、目の前の鏡を拭った。
顔の脇。
生首が浮いている。
女だった。
痩せこけた、目のない女。
口を開け、こちらを見ている。

「妹の悲鳴が風呂場から聞こえて、何だ何だと騒ぎになりました。そうしたら妹が風呂から飛びだしてきて、生首が生首がって泣き叫ぶんです」

風呂にいたはずなのに、春菜さんの顔は恐怖のせいで真っ青だった。

これはもう放置できない――母親の葉子さんは覚悟を決めた。師匠である宮司に、自分の家庭で起きている怪奇現象を相談した。

すると宮司は言った。

――先祖供養がまったくできていない。

宮司が言うには、満足な供養を受けられなかった浮かばれない御霊たちが、助けを求めてやってきているのだそうだ。

強い霊力を持つ葉子さんなら気づいてくれるだろうと頼りにし、長田さんの実家に押し寄せていたらしい。

「確かに、宮司さんの言う通りだったんです。慌てて供養をし始めてほどなく、不思議な現象はぴたりと収まりました。写真を撮るたび、あれだけしつこく入り続けていた赤い線も、二度と入らなくなりました」

多分、御先祖様たちの怒りが静まったのでしょうねと、長田さんは言った。

葉子さんが師事した宮司は、すでに鬼籍に入っている。

だがこの一件からも分かる通り、持っている力にはすごいものがあり、その方面では有名な人だった。

詳しくは話せないが、かつてさる高貴な方が御成婚なさったりした際には、各種行事の年月日や時間などの相談を欠かさず受けていたのが、この人だったという。

とにもかくにも長田家の騒動は一段落した。

「先祖供養って、大事ですよ」

取材の最後に長田さんは、しみじみと私にそう言った。

顔振峠（飯能市と越生町）

顔振峠《かあぶりとうげ》は、飯能市《はんのうし》と越生町《おごせまち》にある峠。

源義経と弁慶が奥州に向かうべく峠を越えようとした際、あまりに見事な景観に何度も振り返ったという伝承から、この名があるという。

つまりそれぐらい、見晴らしがよい。

だがここは心霊スポットとしても有名だ。

昼間の顔と夜のそれが、ずいぶん違う。

「大学生のときだったかな。だからもう、十七年ぐらい前」

話してくれたのは、三十代の氷室さんという女性。顔立ちの整った美人だが、話しぶりはどこか男っぽい。

姉御《あねご》という感じである。

「当時、私は恋人と神奈川県のあるところで同棲をしてたのね。で、彼と埼玉にドライブに来て、日の暮れた顔振峠を下っていたの」

　あたりにはすでに闇しかない。

　ヘッドライトが照らす目の前の景色を見るともなく見ながら、氷室さんはハンドルを握る恋人と雑談をした。

「そうしたら、変なものが見えたんだよね、前のほうに。何だあれって思って。思わず身を乗りだしたの」

　すると、車のライトが切り取る景色の中に、それはいた。

　道路の端。

　力なく、うずくまっている。

「端って言ってもさ。このまま行くと、左側のタイヤがその人に当たっちゃうんじゃないかって気もしたんだよね。そしたら彼も気がついたの。でも『おい、あいつ、そうだろ』って言われて、ああ、そうなんだってようやく思って」

　幽霊。

　自分が見ているのは霊なのだと、氷室さんはやっと気づいた。

　二人には、霊感があった。

「私、ついまじまじとその人を見ちゃって。恋人が何か話しかけてくるんだけど、もう耳に入らないの」

氷室さんは、うずくまるものをじっと見た。

若い男。

顔はよく分からない。

紙袋を、頭からすっぽりとかぶっている。

例えるなら、フランスパンを入れるような長細い紙袋だ。そんな形をした袋を、頭からかぶってうなだれている。

二人の車は、男を通過した。

振り返った。

もういない。

二人は顔を見合わせ、もうその霊の話はしなかった。

「多分あの人……紙袋をかぶって自殺したんだと思うんだよね」

氷室さんはそう言った。

幽霊と車がクロスした瞬間、頭の中に奇妙な映像が飛びこんできた。

しかも、複数。

「まず、紙袋の下の顔が透けて見えたっていうかさ。顔がすごく歪んでたの。苦しそうにして、そのまま死んだ感じがした。自殺した人とかって、命を絶った瞬間の姿のまま霊になるって言うじゃない？　つまり、紙袋をかぶったままそこにいたってことは……」

そこまで言い、氷室さんは続く言葉を呑みこんだ。

彼女の頭に続いて飛びこんできたのは、ゴミゴミと散らかった車の中の風景だった。

「もしかしたら、練炭か何かを燃やして、車の中で亡くなった人だったんじゃないかな。一酸化炭素中毒とかを狙ってさ。なんか、そんなパターンなんじゃないかなって反射的に思ったの。やっぱり怖かったよね。恋人には結局、何も言わなかったけど」

今でも忘れられない、埼玉ドライブの思い出だそうだ。

吉見百穴（比企郡吉見町）

もう一つ、氷室さん。

彼女はこれまでの人生で二度、霊感を持っていた時期がある。

最初は、幼少期だ。

「これが霊感というものだなんていう認識は、もちろんそのときはなかったけど、人には見えていないものが見えているという自覚はずっとあって。でも、怖いって感じはしなかったんだよね。だから、自分が見ているものがお化けだとは思わなかった」

怖いと思わなかった理由ははっきりしている。

彼女に見えたのは、先祖の霊だった。

家族みんなで本家に遊びに行ったりすると、今はもうこの世にいない先祖の霊たちが氷室さんを出迎える。

「だから、お化けが出すオーラも、何とも言えず温かいものだったりしてさ。ちっとも怖くなんてなかった。でも、そんな私の不思議な力も、小学校の三年生か四年生ぐらいには、いつの間にかなくなっちゃったんだけどね」

ところが。

氷室さんが中学生から高校生へと成長していく時期、彼女は再び、この世のものではないものたちを見るようになった。

だが、新たに目にするようになった化け物は、かつて彼女が交流した暖かな霊たちとは種類が違った。

「何て言うの……いわゆる、どす黒い念を背負ったようなグロいお化け？　もう、気色の悪いものばかりだった。どうしてだか、そんなものしか見えないの。先祖の霊なんてどこにもいない。多分あの頃、私、あんまりいい思いをしてなかったんだろうな」

氷室さんは、そう当時を回顧する。

子供の頃は裕福だった。

しかも氷室さんは、ちょっとした近所のスターでもあった。

とにかく顔立ちが愛らしい。

幼い頃から続けたピアノの腕前は、コンクール入選レベル。その上、小学生を対象とした模擬試験では、全国十位以内の成績を収めたこともある。

押しも押されもしない、才色兼備のお嬢様。

だが、父親が経営していた会社が破綻し、多感な時期にその生活は一変した。

地獄を見た。

「見えるお化けってさ、その人の環境とかも関係しているのかも知れないね。精神的に不安定だったから、一度は見えなくなったものがまた見えるようになった。でも、新たに見えるようになったのは、それこそ不気味なものばかりで」

ちなみに現在の氷室さんは、もう霊を見ることはないという。グロテスクな霊と遭遇したり、怪異な体験を頻繁にするようになったのは、十五、六歳ぐらいから二十二歳頃までだったそうだ。

一つ前に紹介した『顔振峠』もそんな時期の話。

そして、このエピソードも同じである。

氷室さんは大学生だった。

「当時同棲していた恋人と私の共通の友人が埼玉県の東松山にいて、そこに遊びに行ったんだよね。その友だちも、当時は大学生。今は埼玉県警に勤めてるけど。で、彼が言うには地元にはたいしたものは何もないと。だから、心霊スポットにでも行こうかってことになったの」

恋人の名は千葉君、東松山市に住む友人は、谷君という。

三人は、谷君の自宅から車でほどない距離にある吉見百穴《よしみひゃくあな》に出かけた。東松山と吉見百穴のある吉見町は隣り合っている。

——心霊スポットって言っても、そこまで有名な場所じゃない。けど、歴史背景的にお化けがいるって言われているんだよね。

谷君はそう言って、吉見百穴について氷室さんたちに解説したという。

古墳時代後期（古墳時代は縄文、弥生に続く時代で、三世紀中頃から七世紀頃をさす。古墳時代後期は六世紀以降）に作られたという横穴墓群の遺跡。

県道二十七号東松山鴻巣線を吉見町方面に向かうと、市野川橋（東松山市と吉見町を繋いでいる）を渡るあたりで、左側に異様、あるいは奇怪な景観が現れる。

見慣れた地元の人間には、何ということはないだろう。

だが初めて見る人間ならギョッとしてもおかしくない、非日常感あふれる奇観——それが吉見百穴だ。

凝灰岩の岩山の斜面に、たくさんの穴がボコボコと空いている。

その数、なんと二百十九。

このような遺跡としては日本一の規模だそうだ。

江戸時代には人々が「天狗様が掘った穴」「雷神様があけた穴」と信じて恐れたという奇妙な穴ボコ。

明治期の本格的な発掘調査直後は、土蜘蛛（コロポックル人）の住居跡ではないかとも考えられたが、その後の考古学、人類学の発達で、この穴は当時の墓穴だったのではないかという説が採られるようになっている。

せっかく盛り上がった当時の調査の機運は、第二次大戦中、岩山の地下に軍需工場を建設することになり、途中で立ち消えた。

掘削技術もつたなかった時代の工事には、全国から集められた三千から三千五百もの朝鮮人労働者が昼夜を通した突貫工事に携わった。

工事は酸鼻を極めた。

そんな話が漏れ伝わる。

崩落などで尊い命を失った労働者が多数いたという話も聞く。

そして、現在もこうした事故で命を落とした痛ましい霊たちが、この場所にはたくさんいるのだと……。

「ちょっとそれ怖そうじゃん、行ってみようってことになって。若いって恐ろしいよね。はしゃぎながら百穴に行ったの。でもさ、実際に行ってみたら、何てことないんだよね、心霊スポットっていう観点に立って言えば。ただ、ボコボコボコボコ、岩山の斜面に穴が空いてるだけで」

――全然怖くないじゃん。

氷室さんはそう言って、彼氏や谷君と笑った。

地下軍需工場跡地に入るための入り口もあり、そこに入ることができればまた違ったかも知れないが、そのときは入れないようになっていたはずだと彼女は言う。

「その頃よく見ていたグロい霊も百穴では見なかったしさ。そういう場所じゃなかったのかなって思って、帰ろうよってことになったわけ」

三人は、千葉君が運転する車で来ていた。

駐車場は百穴入り口の手前にある。

「またわいわいとはしゃぎながら、車に乗ろうとしたの。谷ちゃんが、来たときと同じ後部座席に乗ったのね。でもって私は助手席に乗ろうとしたの。そうしたら」

突然、氷室さんは意識をなくした。

ドアは半開きのままだった。まるでブレーカーが落ちたかのように、ぐったりと助手席のシートに倒れこむ。

下半身は車の外に飛びだしたままだ。

したがって、ここから先の話は、あとで彼女が千葉君と谷君から聞いたものとなる。

二人は、急に失神した氷室さんに驚き、うろたえた。千葉君は慌てて氷室さんの名前を呼び、運転席のほうから身体を揺さぶろうとした。

ところが。

「私、いきなり痙攣し始めたんですって。それももう、狂ったような激しさで」

千葉君は困惑した。

ともに暮らす愛しい女性が、助手席のシートの上でそれこそ七転八倒する。

白目を剥いていた。

ううっ。ううっ。ううっ。

呻いている。

ううっ。ううっ。ううっ。

そのうち、口から泡まで噴き始めた。

これはただごとではない。後部シートから身を乗りだしていた谷君は、顔面蒼白になってフリーズしている。

「彼、運転席を飛びだして、助手席のほうに回ったんですって。谷ちゃんは、私が視える人間であることは知らないけど彼は知っている。お化けに憑依されたかと焦ったみたい」

うえええええ。

氷室さんは、さらに狂った。

うえええ。うえええええええ。

もういつもの彼女ではない。

声もずしりと低音で、魔界に棲む獣の咆哮のようだった。

うええええ。おう。おう。うえええ。うえええええええ。

「こいつは大変だと思ったらしいんだけど、何しろ私がそんな状態だから、誰かに見られるのも、それはそれで困る。なんせ『うえええええ』だから、そのお姉さん。だからとにかく、車のドアを閉めたほうがいいんじゃないかって思ったって言うのよね」

助手席に駆け寄った千葉君は、氷室さんを席に座り直させようとした。

だが氷室さんは暴れまくる。

うえええええ。

ガンッ、ガンッ。ギシッ。

頼む、おとなしくしてくれ。

うええええええ。うえええええ。

おい、おとなしくしてくれってば。

ガンガンガンッ。ギシッ、ギシッ。ギシッ。

……えっ？

身体を跳ね踊らせる魔界の獣にとまどいつつ、千葉君は氷室さんを車の中に押しこめようとした。

ところが、気づけば何やら変な音がする。

何だ……？

やがて、音の正体に気づいた千葉君は愕然とした。

「私をシートに座らせようとしているから、当然助手席側のドアは開けっぱなしにしてるでしょ？　そうしたらそのドアが、閉じるのとは反対の方向に向かって、何度も何度も車の側面に叩きつけられていたんだって。自分が目にしているものが信じられなかったって言ってたよ」

風などまったく吹いていなかった。

ガンガンガンッ。ギシッ、ギシッ。ギシッ。

それなのに――。

ガンガン。ガンガンガンッ。ギシッ。ギシッ、ギシッ。ギシッ。

視えない何か――しかもおびただしい数の何かが束になって襲いかかり、車のドアに体当たりをしている。

千葉君は、そんな風に思えてならなかった。

ドアはもぎ取られそうだった。

それどころか、車全体がガクガクと左右に揺れる。後ろの谷君は「わああ。なに。なになに」と完全にパニックだ。

何とか氷室さんを車の中に押しこむと、千葉君は逃げるように車を出した。

「私が目を覚ましたのは、谷ちゃんの家に着いてからだったな。『……あれ。なんで谷ちゃんの家にいるの』みたいにぼけまくっていて、彼氏と谷ちゃんから事情を聞かされても全然覚えていなくって」

やはり怖いところだったのかも知れないなという話になったという。

だが、その場を離れてしまえばもう大丈夫。

三人が三人とも、そう思った。

若さならではの気楽なノリ。谷君の両親や妹に挨拶をすると、その日は彼の部屋で遅くまで飲み、語らった。

「いつの間にか三人で雑魚寝《ざこね》。あの頃は、誰のところに遊びに行ってもそんな感じだった。それで私、夜中にトイレに行きたくなって目が覚めたんだよね」

時計を見ると三時だった。

あたりは真っ暗で、千葉君も谷君も小さないびきをかいている。

氷室さんは部屋を出た。

二階建ての一軒家。谷君と妹の私室は二階にある。

トイレは廊下の突き当たり。

移動すると、床が小さくギシギシと鳴った。

トイレにつく。

明かりを点けた。

ノブをつかんで、ドアを開ける。扉は九十度しか開かない。構造上そうなる。廊下の壁とくっついてしまうのだ。

「私、中に入ってドアを閉めようとしたの。そうしたら」

……はあっ⁉

ギョッとした。

閉めようとするドアが反対側に動く。まるで、氷室さんに逆らうかのように。

氷室さんは驚き、手を離した。

ギイィ。ギイィッ……。

開いたドアは軋みながら、九十度まで開いて止まった。

……何これ。

氷室さんは眉をひそめる。

たった今、起きたことが理解できない。

ノブをつかむと、もう一度、今度は意識して最後まで閉めた。

だが。

カチャリ。

ラッチが外れる。

……えっ、ええっ？

ギイイイィ……。

……冗談でしょ？

氷室さんをからかうかのようだった。しっかりと閉めたはずのドアが、軋みながら、またもゆっくりと全開する。

真っ暗な廊下の闇が、目の前に広がった。

氷室さんは固まって、立ち尽くす。

心臓が、徐々に激しく打ち鳴りだした。

彼か谷君がいたずらをしているのか。

あり得ない。

二人ともそんなキャラクターではないし、そもそもいたずらをするにしても、どうすればこんなことが可能なのだ。

廊下に人の気配はない。

そもそも床が軋む音も聞かなかった。

百歩譲って気配を殺し、ここまで来たとしても隠れることができるのはドアの後ろだが、それは九十度まで開ききっている。

大の大人が——いや、たとえ子供であっても、隠れられるスペースなどない。

遠くから、彼氏のものか谷君か、平和そうないびきが聞こえた。

「私、ゾゾッってなっちゃって。ふだんなら絶対にあり得ないんだけど、結局ドアを開けたまま用を足すことにしたの」

闇の中に点る、ぼんやりとしたトイレの明かりはオレンジ色だった。

洋式便器で用を足そうとした。

どういうことなのかと、薄気味悪さばかりが募る。たった今経験した奇妙な出来事が、どう考えても理解できない。

「まいったなって思いながら用を足そうとするんだけど、おしっこがしたくなって目が覚めたぐらいだからさ。けっこう時間がかかるのよ。いつまで経っても終わらないの。私、ため息をついて、うつむいたままトイレを続けた。真っ暗な廊下を見ているのも怖かったし」

そして。

ようやく自然現象が一段落しかけた、そのとき。うつむいていた彼女はやれやれと思いつつ、ふと視線をやや前方に向けた。

足があった。

誰かが立っている。

氷室さんは目を見開いた。

闇の中に立ったその足を、トイレからの明かりがぼんやりと照らす。

千葉君の足ではなかった。谷君のものでもない。いわんや、谷君の妹の足であるはずがない。

ゴツゴツと節くれ立った、男の裸足。爪が剥がれ、土まみれ。しかも、闇に隠れて見えない上のほうから、どす黒い血が流れてくる。

「悲鳴を上げたところまでは覚えてるんだけど、あとはまた全然……。最初に気づいて飛びだしてきてくれたのが谷ちゃんの妹さんだったらしくて、それが不幸中の幸いと言えばそうだったかも。かっこ悪すぎでしょ、私」

氷室さんはそう言って、奇妙な一日の話を終えた。

多分私が百穴から連れてきちゃったんだろうねと、自虐的に笑いながら……。

その後、私は百穴に現地取材に出かけた。

じっとしていても玉の汗が噴きだしてくる、暑い夏。

午後だった。灼熱の日差しが容赦なく照りつける。だが、地下軍需工場の跡地に入ると、すっと気温が下がった。

はるか奥へと、不気味なトンネルが続いている。

それは、決して足を踏み入れてはならない魔界への迷路にも思えた。

幸い、柵で阻まれ、中には入れない。

だが柵などなくても、私は奥には行かなかったろう。

学校の屋上（入間市）

入間市《いるまし》は埼玉県南西部にある。

狭山茶の主産地としても有名だ。

南部には狭山丘陵の自然が広がり、のどかな茶畑のほか、巨大ショッピングモール、アメリカンハウスの連なるジョンソンタウンなどでも知られている。

現在は他県で暮らす五十代の女性、山野さん。

学生時代、入間市で暮らしていたという。

「今はなくなってしまったんですけど、通っていた大学も、生活していた女子寮も入間にありました。女子寮と大学は目と鼻の先の距離で、歩いて五分ぐらい。大学のグラウンドが間にあったので、すぐそこに見えるのに、歩くと意外に遠いという感じでしたね」

山野さんはそう言って当時を思い出し、不気味な話をしてくれた。

彼女が大学に入った年のこと。

女子寮と大学は、駅からスクールバスで二十分ほどのところにあった。自然が豊かで、山野さんに言わせれば「何もない、寂しいところ」。周辺には養豚場や養鶏場しかなく、民家も離れた場所にあった。

怪異は、ここで起きた。

まず登場するのは、関根さんという同期の女子大生。

彼女もまた女子寮で暮らしていた。

「もうね、それこそ絶世の美女でしたよ。すらっと細くてスタイルもよくって。ストレートの黒髪もとても綺麗で。ああ、天は二物を与えるんだなってため息が出てしまうほど、それは美しい人でした」

二物――。

いや、ひょっとしたら三物、ということになるのだろうか。

関根さんには、霊感があった。

「私とは別の部屋だったんですけど、その部屋に親友がいたものですから。そんなことから関根さんとも親しくなりました。そんな彼女が、あるとき私にこう言ったんです」

――どうしよう。変なものが見える。

関根さんは細い女性だったが、さらにやつれて見えた。

どうしたのと、山野さんは聞いた。

すると関根さんは言う。

——学校の屋上に、見るたび人がいるの。人間じゃない。黒っぽい影みたいな感じなんだけど、多分若い女の人。その人が、いつも屋上から飛び降りるの。

前述の通り、女子寮と大学の距離は徒歩五分ほど。

女子寮は、四階建ての建物が三棟あり、2号棟は使用されていない。1号棟と3号棟の二階から四階に学生たちが暮らしていた。一フロアに十部屋ぐらいあったため、二百人前後が生活していたはずだと山野さんは言う。

「私や関根さんは3号棟の四階で暮らしていました。そして3号棟の廊下からは、ちょうど学校が見えたんです」

マンションのような女子寮にはテニスコートもあり、小綺麗な感じだった。

風呂、トイレ、洗面所、洗濯室、テレビルームが共用で、玄関を入って右側にコの字型に寮室、左側に食堂がある。

部屋は四人部屋だった。

「女の人らしい影が飛び降りるのは、決まって夜なんだそうです。夜は廊下の明かりが反射してあまり外は見えないんですけど、関根さんには見えてしまっていたみたいで……トイレや洗面所に行くときは、できるだけ学校のほうを見ないようにしていたそうです」

山野さんは、その話を聞いて不安になった。

関根さんほどではないかも知れないが、彼女にも霊感めいたものがある。

誰にも言わなかったし、幼い時分に比べたらかなり力が弱ってはいたものの、完全になくなったわけではなかった。

「だから、話を聞いてからは絶対に学校のほうを見ないようになりました。寮にいても、時々寝苦しく感じたりしたんですが、もしかしたらそれも学校の屋上に現れるという女の人と関係しているのかななんて考えたりもしましたね。でも、霊の話は誰にも言わないでほしいと関根さんからは堅く口止めされていました」

大学の学舎は、鉄筋造り。

いくつかの建物があったが、いずれも四階から五階ほどの低層のものばかりで、寮に一番近い校舎の屋上に、夜な夜なその影は現れた。

そんなあるとき、関根さんが山野さんの部屋に越してきた。

それまでの関根さんは、山野さんの親友を含む三人と共同生活をしていたが、ともに暮らす一学年上の先輩との関係がこじれ、部屋を移りたいと希望した。

「ちょうど私の部屋って、四人部屋なのにそのときは二人しかいなくって。それで私の部ちなみに寮で暮らしているのは一、二年生だけ。関根さんが越してきたことで、山野さんの部屋は「一年生二人、二年生一人」になった。

部屋はウナギの寝床のように細長い。

廊下から扉を開けると、両側にクローゼットが二つずつ。その奥に、造りつけの二段ベッドがこれまた部屋の両側にあった。

ベッドの奥には、部屋の両端に机が二つずつ。

廊下の正反対は、一面掃き出し窓である。

「関根さんが越してきて、しばらくは何もありませんでした。一緒に暮らしていた二年生は信子先輩といったんですが、関根さんは信子先輩とも仲良くなり、平和な時期が続きました」

信子先輩は、西日本某県出身の陽気で快活な女性。

おしゃべり好きで、山野さんや関根さんとも賑やかに話した。

「かっこいい年上の彼氏もいたんです。休みの日、女子寮の近くまで車で迎えに来るその人と、幸せそうに出かけていく先輩の姿も何度か見かけました。その頃、私には恋人はいませんでしたから、うらやましいなあって思ったかな。他の大学の人で、信子先輩より一学年上だと聞きました」

山野さんは当時をそう回顧する。

あまり学校のほうを見ないようにしていたせいもあったろうが、関根さんも屋上から飛び降りる影に苦しめられることはなくなっていた。

ところが。

「そんなある晩のことでした。深夜です。いきなり関根さんが、真っ暗な中で悲鳴を上げたんです」

山野さんも信子先輩も、驚いて飛び起きた。いったいどうしたのかと聞いたが、関根さんはベッドの中で震えるばかりだった。

関根さんは山野さんと同じ二段ベッドを使っていた。

下が山野さんで、上が関根さん。

反対側のベッド下段に信子先輩がいる。

「その日から、また少しずつ関根さんがおかしくなっていきました。何があったのか聞いても、話そうとしてくれません。そのくせ、毎晩のように悲鳴を上げては、私たちを飛び起きさせます」

最初は友好的に接していた信子先輩も、さすがにうんざりしてきた。ついに不愉快さをあらわにし、関根さんに注意をするようになった。彼女のいないところで、山野さんに陰口も言った。

いつも陽気でフレンドリーだった先輩の、知らなかったもう一つの顔——ちょっと陰湿さを感じさせるその姿に、山野さんは意外な思いがしたという。

おそらくそんなことも関係したんだと思いますと、山野さんは言った。

「それからしばらくして、関根さん、寮を出ていってしまいました」

しかも、関根さんはやがて学校にも来なくなった。

その美しさを見初めたどこかの御曹司に求愛され、大学を中退して結婚をしたという噂も聞いたが、本当のところは分からない。

「一度だけ、私学校で関根さんと話をしたことがあったんです。今にして思えば、彼女が学校にも姿を現さなくなる、ちょっと前のことでした」

——よけいなことを言うようだけど。

関根さんがさらに痩せたことを心配して話をしていた山野さんに、周囲を気にしながら彼女は言った。

——山野さんも、あまり長く寮にいないほうがいいと思う。

理由を問いただしても、関根さんはそれ以上何も言わなかった。

気になったものの、結局真意は分からないまま。それからほどなく、関根さんは姿を消した。

「元の生活が戻ってきたと言えば、戻ってきました。私たちの部屋には他の一年生が入居して、私と信子先輩も、何事もなかったようにまたわいわいとやるようになりました」

その頃には、山野さんは屋上から飛び降りる霊について、すでにある情報を得ていた。関根さんのことで信子先輩と話をしたとき、先輩の口から聞いたのだ。

——もしかして、Aさんかな。

薄気味悪そうに、信子先輩は言った。

Aさんは、信子先輩と同期の女子学生。山野さんたちが暮らす寮で、その人もまた生活していた。

信子先輩によれば、身に覚えのない濡れ衣を着せられたことを気に病み、学校の屋上から飛び降りて自殺をしたという。

一年前のことだそうだ。

ではおそらくそのAさんだろうと、山野さんは思った。関根さんはずっと、Aさんの亡霊に苦しめられていたのである。

詳しくは話さなかったものの、もしかしたら自分たちが暮らす部屋でも何かを見たのではなかったか。

すべては推測でしかなかったが、山野さんにはそう思えてならなかった。

だが、もうすべては霧の中。よけいなことは考えまい——山野さんはそう思い、以前の暮らしに戻ろうとした。

だが、それは誤りだった。

元の生活になど、二度と戻れはしなかったのだ。

その事実を思い知らされたのは、関根さんが完全に姿を消して一か月経った頃だった。

「お風呂に行こうと寮の部屋を出ました。そして何気なく、学校の屋上を見てしまったんです」

関根さんは、足を止めた。

食い入るように、それを見た。

すでにとっぷりと日は暮れている。窓の向こうに広がるのは、一面の闇。

だが、それは確かにそこにいた。

若い女。もやもやとした黒い影。

影は、屋上の端まで進み出ると。

真っ逆さまに落下した。

「私、悲鳴を上げて部屋に駆けもどりました。誰もいなかったので、一人でベッドに飛びこんでブルブル震えました」

霊を目にしたのはずいぶん久しぶりだった。屋上から飛び降りた女子学生の霊かと思うと、生きた心地がしない。

「しかも、それは始まりに過ぎなかったんです」

そう話す山野さんの声は、心なし、震えていた。

それからしばらく経った、ある夜更け。

山野さんは夢を見ていた。

間違いなく、悪夢だった。

夢の中で寮の部屋を出た山野さんは、廊下を歩いた。見てはだめだと思うのに、つい視線が窓に向けられる。

学校の屋上を見た。

関根さんがそこにいた。

白くて裾の長い、ワンピースのような服を身につけている。目があった。そんな気がした。関根さんは立ったまま前へと倒れ、真っ逆さまに落下した。

「妙にリアルな夢でした。夢だから距離感もおかしい。地面に叩きつけられて首が曲がる関根さんの、生々しい姿まで目撃しました」

衝撃的な光景には、熟れたトマトを壁に叩きつけたときのような音が伴った。関根さんはぐにゃりと、変な角度に首と四肢を曲げていた。

ゆっくりと、身体から丸く、血の海が広がる。

ぴくり。

動きだした。

あり得ない方角に首をやったまま、関根さんの手が、足が、震えながら活動を始める。這い出した。

黒髪が乱れてべったりと張りつき、顔を隠している。鮮血の痕をコンクリートの床に描きながら、関根さんはこちらにくる。

……関根さん？

夢の中で山野さんは、果たしてこの人は本当に関根さんなのかと思った。

自分はとんでもない勘違いをしているのではないか――血まみれの物体が這いずってこちらに近づけば近づくほど、いやな予感は増した。

女は、這いずりながら顔を振った。

髪が流れる。顔が現れた。

「その途端、私は飛び起きました。明かりの消えた真っ暗な中、ベッドに身体を起こして、荒い息をつきました」

なんていう夢を見たのかと自分を恨んだ。

やはり一度、心療内科を受診したほうがよいかも知れない。そんな風に思ってしまうほど、心が疲弊していることを痛感した。

山野さんはため息をつく。

信子先輩が眠る、対面のベッドを見た。

フリーズした。

女がいる。

白く裾の長いワンピースのような服を着た、黒髪の女。信子先輩の枕元で、眠る彼女をじっと見ている。

細面で、色白だった。とても華奢だ。

うーん。

見れば。

うーん。うーん。

信子先輩は、うなされていた。

うーん。うーん。

うーん。うーん。うーん。

「闇の中でも、先輩の額に汗の玉が噴きだしているのが分かりました。苦しそうに呻いて、右へ左へかぶりを振っています。女の人は、そんな先輩をじっと見ていました。とても……うん、とても、恨めしそうに」

山野さんはあっけに取られ、信じられない光景に視線を釘付けにした。

ううっ。

我知らず小さな声を上げてしまう。

女が、それに気づいた。ゆっくりとこちらに顔を向ける。

ひいい。

山野さんは声にならない声を上げた。

「女は、震える手足を動かしてベッドを降りました。そして」

こちらを見ながら、這いずりだした。

だめ、来ないで。こっちに来ないで。いや。

……ズリッ。ズリズリッ。

いやあ。

……ズリッ、ズリッ、ズリッ。

いやあああ。

山野さんは悲鳴を上げ、意識を失った。


「それからしばらくして、私も一人暮らしを始めました。経済的には苦しくなってしまいましたけど、もう寮にはいられなくて」

山野さんは遠い昔を思い出し、ため息をついた。

そして。

「これは、同じ寮にいた例の親友が聞かせてくれた話なんですけど」

私に説明する。

山野さんの親友はその話を、寮で同室だった一学年上の先輩から聞いた。

屋上から飛び降りた女性は、楚々とした美貌が印象的な細身の人だったという。人見知りなタイプで友だちは少なかった。だが短期間、信子先輩と意気投合し、仲良くしていたことがあったらしい。

性格は地味で神経質。だが美人なので、男性にはよくモテた。他大学の男子学生に見初められ、ずっと交際を続けていた。

「その男性が、信子先輩の彼氏だったんです」

ことのなりゆきや詳しい事情を知るものは、一学年上の女子学生の中にもいなかった。

自殺をした女性も、遺書すら残さずこの世を去った。

だが彼女が屋上から飛び降りたとき、すでにその恋人は信子先輩と交際をしていた。

「でもしょせんすべて又聞きで、真実なんて分からないんですけどね」

そう言って、山野さんはこの話を終えようとした。

同室だった信子先輩と恋人が、その後どうなったのか、彼女は知らない。

ただ――。

「今でも忘れられないのは、あの夜見た不気味な女の顔です」

山野さんが部屋で見た霊は、不思議なことにその直前、夢で見た顔と同じだった。

眼窩に、目玉はなかった。

目の部分にぽっかりと二つの穴が空いた不気味な顔。

黒い穴から涙を流し、女は泣いていたという。

丸山公園の怪（上尾市）

渡瀬さんは先天性の聴覚障がい者。

筋金入りのシネマディクト（映画中毒者）でもある。

彼には、本人が言うところの「いただけない能力」があった。

霊が視える。

その能力が開花したのは、まだ幼い頃だった。駅のプラットフォームから線路に落ちた。頭を打った。

異界への、扉が開いた。

初めて逢ったのは、もう十年以上も前になるだろう。強い霊感があることは、仲間内では有名だった。

そんな渡瀬さんに、私は『埼玉怪談』の相談をした。まさか彼と、仕事でこんな話をする日が来るとは思わなかったが。

渡瀬さんは言った。

「怖い話？　いろいろあるよ。何を話せばいいかな」

そして。

文字どおり多岐に亘る、不思議な話が始まった。


上尾丸山公園（以下、丸山公園）は、その名の通り上尾市《あげおし》にある。

埼玉県中東部に位置する人口約二十二万の市。埼玉県最大の都市、さいたま市の北西に位置して隣り合っている。

丸山公園のオープンは、昭和五十三年。

「水と緑の調和」をテーマに開園した総合公園で、総敷地面積は約十五ヘクタール。南北に伸びる「く」の字形をした敷地が特徴的だ。

縄文時代には環状集落（住居がドーナツ状に広がる住居群）の中央広場だったという。

自然をそのまま活かしたほどよい起伏と鬱蒼とした樹林、大きな池があり、小動物コーナーやバーベキュー場など、様々な施設が整えられている。

「あと、運動広場とかアスレチックみたいなのとかさ。いろいろあるんだよね。初めて行ったのは小学生のとき。当時の先生が『新しい公園があるから、日曜日に保護者同伴でみんなで行かないか』っていうことになって。十人ぐらいのクラスメートと俺の母親や友だちの親と、電車とバスを利用して出かけたんだ」

そのときの思い出は、楽しいことしかなかったと渡瀬さんは言う。

公園の雰囲気は、まさに小さなテーマパーク。とてもワクワクした。ピクニック気分で週末の一日を、同級生たちと楽しく過ごした。

ところが。

楽しかった渡瀬さんの思い出は、数年後、暗転する。

「中学生の最後の年だったと思う。友だちがさ、言ったんだよ」

——渡瀬、丸山公園知ってる？　あそこ……幽霊が出るんだって。

仲のよかった友人のA君があたりをはばかりながら、秘密めいた態度で渡瀬さんに言った。

「俺、けっこう意外でさ。『はあ、なんで？　前に行ったことあるけど、けっこう楽しかったんだけどな、あそこ』って言ったの。そうしたらそいつ、今は自殺の名所になってるって……」

正直、気は乗らなかった。

やめておいたほうがいいと忠告した。

だが結局A君に強引に誘われ、渡瀬さんは数日後の休日、中学の友人たち五人と久しぶりに公園を訪れた。

しかし。

「もうね……何て言うのかな、入り口あたりで早くも後悔したんだ。小学生の頃来たときと違って、変な空気が流れてるっていうかさ。しかも異臭も漂っているし。うーん、ちょっとまずいなあって思ったんだよね」

まだ日中だというのに、公園はどんよりと暗かった。

澄んだ青空の広がる、太陽のまぶしい休日。それなのに、園内の雰囲気はとても重い。

おまけに臭いも気になった。

「なんか臭いねって友人のBに話したんだけど、Bは『池が濁っているからな』って。俺、うーんとか思いながらみんなと一緒に園内を歩いたんだ。そうやって、大池のところまで来た」

大池は、公園の敷地と同様、南北に「く」の字型に伸びる長い池。

岸に沿って、背の高い木々が密集している。

すると、別の友人が得意げに言った。

――あっ。この池のまわりにある木。ここで首吊り自殺をする人が多いんだって。警察の人から聞いたよ。

渡瀬さんは、帰りたくなった。

背筋が寒くなり、どうにも足が重い。

「でも『せっかく来たんだから、池のまわりを歩こうぜ』ってことになったわけ。みんなテンションが高かったけど、怖かったんじゃないかな、多分。やけに大声でワイワイとやりながら回ったんだ」

友人たちからはいろいろな話が出た。

一九七〇年の前あたりの時代、ここに女性の死体が棄てられていた……。近くの中学校でここをマラソンコースにしたところ、走っていた生徒が突然死した……。

「もちろんみんな、人づてに聞いた話で真偽なんか分からない。でもさ、実際にそこを歩いていると、そんなことがあっても不思議じゃないような『いやな気』っていうのかな、そういうものを感じたんだよね」

知らなかった情報をあれもこれもと聞かされてよけいビクビクしながら、渡瀬さんはみんなと池の周囲を歩いた。憂鬱さが増し、気分を変えようと、白鳥や野鳥に興味を向け、目についたそれらに近づいた。

そのときだ。

――ドカッ！

いきなり左の肩に、何かがぶつかった。

飛びあがった。

慌てて肩に手をやる。すると見知らぬ手が、渡瀬さんの手を強くつかむ。

うわあああ。

渡瀬さんは悲鳴をあげ、顔が引きつるのを感じながら振り返った。

A君がいた。

してやったりという笑いを弾けさせて。

「みんなも愉快そうに身体をよじって笑っていてさ。ほっとしたのと同時に怒りがこみあげて『ふざけんなよ！』って怒鳴ったんだよね。そうしたら『悪い悪い、怒るなよ』みたいな感じでAになだめられて。ちょっとかっこ悪かったな俺、とか思いながら、Aと前を向いたんだ。そうしたら――」

三人の友人に異変があった。

さっきまで笑っていたはずなのに、一様に顔を引きつらせている。

全員が、渡瀬さんとA君の背後を見上げていた。

聴覚障がい者である渡瀬さんには聞こえなかったが、三人が三人とも悲鳴をあげた。

くるりと身体を反転させ、逃げるように駆けていく。

「何だよいったいって思いながら、俺、後ろを振り返ったんだ」

すると。

それはいた。

太い木の枝。そこからぶら下がる異形のもの。

かつては人間だったはずのそれは、土左衛門のように膨らんでいる。長い舌が口からだらりと伸び、醜く腫れあがった顔は青紫色になっていた。

焦点をなくした灰色の両目は見開かれ、じっとこちらを睨んでいる。

「もう『ぎゃあああ』だよね。とんでもないものを見た俺は『見るな！』ってAに言うと、手を引っ張ってその場から駆けだした。最後まで、ずっと悲鳴をあげっぱなしだったんじゃないかな」

渡瀬さんは猛然と園内を駆けた。

A君はわけが分からないながらも、渡瀬さんやみんなにけおされたように、足元をもつれさせつつ懸命に走る。

出口から飛びだした。バス停で、三人の友人と合流する。その途端、渡瀬さんは力つき、道路に倒れこんだ。

「Aはきょとんとしていたよね。みんなの雰囲気にオロオロして、いったいどうしたんだって聞いていた」

やがて、B君が言った。

――見ちゃったんだよ。

A君の顔が引きつる。

――見ちゃったって……まさか……。

「そんなAに、俺、バカヤローって怒鳴っちゃったの。死ぬほど怖かったんだよね。だから言わんこっちゃないって感じでさ」

帰りのバス。

渡瀬さんたちは言葉もなく、みんなして押し黙った。ただ一人、A君だけが、ずっと泣いていたという。

C君の提案で神社に行き、お祓いをしようということになった。渡瀬さんたちは賛成し、震えながら五人で神様にすがった。

A君は、まだ泣いていた。

「そして次の年。俺たちはみんな高校生になった。進学したのは別々の学校だったけど、相変わらず交流は続いていた。ところが……」

高校生活にもようやく慣れてきた、そんなある日。

B君から連絡が来た。

A君が亡くなった。

渡瀬さんは急いでA君の自宅を訪ね、変わり果てたA君と対面した。

「彼のお父さんの話では、自殺だったって。しかも、首吊り……」

A君が首を吊ったのは、丸山公園だった。

A君は、不気味な霊がぶら下がっていたのと同じ場所で、命を絶っていたという。

黒塚の鬼婆（さいたま市）

もう一本、渡瀬さん。

「小学生のとき、テレビで『鬼婆』って映画を見たの。それがけっこう怖くてさ」

『鬼婆』は新藤兼人監督、乙羽信子主演による一九六四年製作のホラー映画。

恐怖映画の金字塔『エクソシスト』（一九七三）で有名なウィリアム・フリードキン監督が心酔するホラーの一本としてその名をあげたこともある名作だ。

テレビ放送でたっぷりと恐怖を味わった翌日。渡瀬さんは教室で、仲のいいクラスメートたちとさっそくこの映画を話題にした。

ちなみに渡瀬さんの通っていた小学校は、大宮市（現・さいたま市）にあった。

すると、児童たちの話を聞いていた担任教師が割って入る。

——先生も、安達ヶ原の鬼婆伝説なら知ってるぞ。

安達ヶ原の鬼婆伝説は、鬼婆を葬った塚の名前から「黒塚」というタイトルで能になったり「奥州安達原」の名で歌舞伎や浄瑠璃にもなった怪異譚。

　あらすじはこんな感じだ。

　ときは、七二六年。東光坊祐慶なる僧侶が、安達ヶ原を旅する途中、岩屋に宿泊することになった。

　そこには老婆がいた。

　祐慶の世話を親切に焼く老婆は、薪を取りに行きたいという。

　老婆は僧に言う――私がいない間に、奥の部屋を見てはなりませぬぞ。

　ところが、祐慶は好奇心を抑えきれない。老婆が岩屋から出ていくと、彼はつい奥を覗いてしまう。

　腰を抜かしそうになった。

　大量の白骨死体がある。どうやら人間のものらしい。

　祐慶は思い出す。安達ヶ原には、旅人を殺害してはその血肉を喰らう鬼婆がいるという噂を。

　こいつは大変だと、祐慶は岩屋から飛びだした。僧侶が逃げだしたことを知った老婆は、とんでもない速さで彼を追い始める。

　どんなに必死に走っても、老婆との距離はじわじわと縮まるばかり。

祐慶は恐怖に震えながら振り返った。

するとすぐそこに、鬼婆が迫っている。つり上がった両目が祐慶を睨み、その口は耳のあたりまで裂けていた……。

「そんな話を聞いて、すごくワクワクしたことを覚えてる。でも、ある意味それ以上に興味を惹かれたのが、先生が話の後に言った一言だったんだよね」

安達ヶ原の鬼婆伝説について語って聞かせた教師は、最後にこうも言ったという。

――実はね。この伝説、本当にあるんだけど、場所は福島県じゃないんだ。

はあ？

何それ、どういうこと？

児童たちはきょとんとした。

「『じゃあその話って、ほんとはどこで起きたんですか』って友だちの一人が興味津々で聞いたの。そしたら先生、こう言ったんだよ」

――ここだよ。

地面を指さし、教師は児童に告げた。

「そうしたらもう、みんな悲鳴。泣いちゃった奴もいたな。お願いだから嘘だって言ってなんて、大騒ぎになった」

渡瀬さんは、どうしても担任の話が信じられなかった。興味を持ち、妖怪図鑑や子供向けの事典など、いろいろな書物をひもといて調べたが、謎は解決しない。

悔しかった。

そのことばかり考えてしまう。

後日、渡瀬さんはとうとう先生に直接聞いた――ねえ、先生はどうしてあの話の本当の舞台が大宮だって知っているの。

「そうしたら先生、思いきり顔を引きつらせちゃってさ。『ああ、あれか。驚かせてごめんな。あれ、嘘だから』とか言って笑うんだよ。でもさ、なんか変なの。完全に雰囲気がおかしいのよ」

笑ってみせる担任を、渡瀬さんはじっと観察した。

なぜだかやたら、顔色が悪い。しかも、腹部をずっと押さえている。

痛みをこらえているように見えた。その上、暑くなどないはずなのに、見る見る額に玉のような汗が滲んでくる。

結局、担任からは何も聞くことができなかった。教師は逃げるように、渡瀬さんから離れた。

モヤモヤした。

なんか変だぞ——そう思うと、ますます夜も眠れなくなった。

「結局、そのときはそれ以上突き止められなかった。悔しかったけど子供の限界だよね。そして、それから数年後……」

渡瀬さんは高校生になっていた。

自由研究に取り組むことになった彼は、当時、大宮氷川神社の近くにあった大宮図書館に立ち寄った。

大宮市の歴史を扱うコーナーで、郷土史を調べようとしてである。

いろいろな書物を机に広げた。

そんな作業の中、彼は偶然、大宮の「鬼婆伝説」を紹介する記載を見つけて、思わず声を上げた。

小学生のときの記憶が昨日のことのように蘇った。渡瀬さんは夢中になって、文献を読み耽った。

「鬼婆伝説の元になっているのは、福島県二本松市にある観世寺とそこにある黒塚。でも黒塚は実はそこだけじゃなく、大宮の東光寺というお寺にもあるんだよね。しかも開山したお坊さんの名は東光坊祐慶。もっとも東光寺はもう別の場所に移転していて、黒塚伝説が残る場所は、黒塚山大黒院っていう名前に変わっているけど」

渡瀬さんはそう私に説明してくれた。

ちなみに、大宮市のかつての地名は武蔵国「足立」郡大宮郷。

大宮氷川神社の東側一帯は「足立ヶ原」と呼ばれ、そこに棲む鬼婆が女性の生き血を吸っていたという伝説がある。

安達ヶ原。

足立ヶ原。

漢字は違えど、読み方は同じ。いったいどちらが、真の鬼婆伝説と関係した土地なのだろう。

「昔は、埼玉の足立ヶ原こそが鬼婆伝説の本家だと言われることもあったみたい。でも、福島と埼玉の間に本家騒動が勃発して、埼玉出身の民俗学者が福島県の安達ヶ原を本家とするよう譲ったことで決着がついたらしいよ」

とにもかくにも、先生の話は嘘ではなかった――そう思った渡瀬さんは興奮し、大宮の鬼婆伝説をテーマにして自由研究をしようと決めたという。

調べてみると、元の場所から移転した東光寺は、なんと図書館からすぐの場所にあった。

渡瀬さんは図書館を飛びだし、自転車に飛び乗って東光寺をめざした。

すでに日は落ち、暗くなってきている。

街灯が照らす明かりの中、たどり着いた東光寺はすでに門が閉まっていた。

まあ、場所が確認できただけでもとりあえず良しとしよう。

そう考えた渡瀬さんは帰途につき、大宮公園の脇を通って帰ろうとした。

完全に、陽が落ちた。

そして。

怪異は起きた。

「公園に向かう夜道がけっこう暗くてさ。歩いている人なんて誰もいなくて、しかも車もまばら。なんとも不気味な雰囲気の夜だったよ」

なんか……いやな感じ。

そう思いながら自転車を飛ばした。

すると。

……ビョウ。

どこからか、生温かい風が吹いてくる。

異臭がした。

肉が腐ったような、耐えがたい臭い。

何だこれ。

渡瀬さんは顔をしかめた。

「そうしたら、遠くに女の人らしい姿が見えたの。もう暗くなっていたからよくは見えないんだけど、着物姿であることは間違いないんだよね」

氷川神社や大宮公園の周辺には、着物関係の店もある。多分そうした店の関係者ではないかと、渡瀬さんは思った。

ところが。

「女の人との距離が縮むにつれて、肉が腐ったような臭いがどんどん強くなってきたの。おかしいぞこれって思うじゃない。いやな予感に駆られながら、俺、着物の女の人をじっと見た」

着物姿の女は、街灯の下にいた。

だが、なぜだか顔はよく見えない。

さらに近づこうとすると。

ぞくり。

背筋に、鳥肌が立った。

「完全にやばいって思ってさ。女の人のほうを見ないようにして、しかも距離も空けられるだけ空けて猛スピードで通過したよ。振り向いたら、もうその人、いなくなっていた」

家に着いた渡瀬さんは、さっそく自分の部屋で「大宮の鬼婆伝説」に関するレポートを書き始めた。小学生の頃に感じた消化不良な思いを解消できた嬉しさもあり、筆は思いのほか進んだという。
六、七ページほどまで、いい感じでレポートを書くと、渡瀬さんは床についた。翌日はカメラを手に、再度東光寺に出かける予定だった。
「何時頃だったかな……とにかく眠りは深かった。かなりぐっすり寝ていたと思うよ。そうしたらさ……どこからか、重い金属みたいな音が聴こえてきたんだよ」

渡瀬さんはそう、その夜のことを回顧する。

しつこいようだが、彼は聴覚に障がいがある。

そもそも音など聞こえない。

それなのに、音がした。

「えっ、て思うじゃない。しかもその金属みたいな変な音、耳が痛くなるって言うか、頭が痛くなるぐらい大きくなってさ」

渡瀬さんは慌てて目を開けようとした。

ところが、なぜだか身体が動かない。

しかも。

「何かが腹のあたりに載っかっているって気づいたんだよね。すごく重いものが。その上、誰かが両足を引っ張っているんだよ」

——ズルッ。

うわあ。

——ズルッ、ズルズルッ。

わあ。わあああああ。

渡瀬さんは悲鳴を上げた。その晩、帰り道で嗅いだのと同じ生臭い異臭が部屋の中に充満している。

おいっ。おいおいおいっ。

恐怖を覚えた。

わあああああ。

背筋を駆け上がる鳥肌が止まらない。

「俺、必死に起きようとした。がんばって目を見開いたんだよね。そうしたら」

目を開けた、はずだった。

それなのに、あたりは真の暗闇だ。そんなはずはなかった。いつもなら、闇とは言ってももっと何かが見えている。

だが目を開けたそこは、墨で塗りつぶしたような漆黒の世界。渡瀬さんは闇の重さに押し潰されそうになる。

うわああ。うわあああ……えっ？

苦しさにもがきつつ、またしても腹部を圧迫する重さに注意を向けた。

するとそこには。

「いるんだ、やっぱり。何だか分からないけど、いるんだよそこに。俺、悲鳴を上げながら、思いきり目を見開いてそれを見た」

漆黒の闇の中。

それは、闇よりさらに黒かった。

影。

影、としか言いようがない。不気味な黒い塊は、人のようにも見えた。

正座をしているのか。そう見える。しかも手には、何かを握っている。

うわっ。うわっ。うわあ――。

――書いてはならぬ。

悲鳴を上げながら、渡瀬さんはギョッとした。

声がした。

声は頭の中に届いた。彼に言わせれば「声が見えた」ということになる。

それは、ずいぶんしわがれていた。

――書いてはならぬぞ。

またしても、声がした。頭の中で、何かが反響している。渡瀬さんは、腹の上に乗る濃い影を見た。

もしかして、この影が自分に語りかけているのか。

――よいか。

声が、念を押した。

世界が揺れている。地震でも来たように、世界が揺れた。

いや、違う。

渡瀬さんが震えていたのだ。ガクガク、ガクガク、震えが止まらない。

――そなたはまだ若い。

影は彼に言った。渡瀬さんは震えつつ、腹の上のそれを見る。

――命を無駄にしてはならぬ。よいな。

あわ……あわわ……。

——よいな。

「もうさ。分かりました、分かりましたから。て言うかあなた、いったい誰なんですって感じ。書くなって言ってもいったい何をよってさ。でもとにかく怖いから、おとなしくうなずくしかないわけ」

渡瀬さんは逃げるどころか、その影を振り落とすことすらできなかった。影は、とんでもない重さで渡瀬さんを圧迫した。渡瀬さんは観念し、ただただ何度もうなずいた。

すると、あたりがほんのりと明るさを増す。

黒い影だった腹の上のそれが、ようやく少しだけ姿を見せた。

女、らしかった。

薄汚れた着物を着ている。長い黒髪が乱れ、その顔を完全に隠していた。

あ。

渡瀬さんは気がついた。書いてはならぬって、ひょっとして——。

鬼婆——鬼婆がそれを言うために現れたのか。顔の見えないその女は、そっと指で、渡瀬さんの頬に触れた。

ひいいい。

指は氷のように冷たかった。またも渡瀬さんは鳥肌を立てる。

――よいか。もしも書いたら、あの男のようになるぞ。

女――鬼婆らしきその女は、そう渡瀬さんに忠告した。

あの男？

渡瀬さんは眉をひそめた。あの男と言われても、何のことだか分からない。するといきなり脳内に、一つの場面が映しだされた。

渡瀬さんは声を上げそうになった。

なぜだか顔色の悪い、小学生のときの担任教師。しきりに腹部を押さえている。ぶわりと汗が額に滲む。その瞬間、渡瀬さんはすべてを理解した。

鬼婆が顔をあげる。

突然すっと、姿を消した。

それと同時にあたりには、いつものほどよい闇が蘇った。

渡瀬さんは最後の最後に、彼女の顔を見た。

そこにいたのは。

「綺麗な人だったんだ。俺、思わず目を見張っちゃって。だってあんな綺麗な人、それまで見たことがなかったもの」

ちなみに鬼婆伝説には前段がある。

どうして美しい彼女は、人の生き血を喰らう鬼婆になどなってしまったのか。

興味のある方は、ぜひお調べいただければと思う。


と、ここまで書いて、ふと思った。

あれ、ちょっと待てよ。この話、『埼玉怪談』になんて書いてしまってよいのだろうか。

私のところにも、もしかして来てしまったりして。


一人でパニックになりながら、渡瀬さんが話してくれた怖い話を、今、私は書き終える。

秋ヶ瀬公園怪異譚（さいたま市、越谷市）

「当時、ちょっと話題になったんですよ、家族や近所で。今思い出しても、けっこう不思議なんですよね」

そう話してくれたのは、現在三十代後半の野際さん。

彼女が大学に通っていた頃の話だそうだ。

「二つ違いの弟も、大学生だったんです。夏の初めぐらいだったと思うんですけど、友だちと肝試しに行くとかいって、秋ヶ瀬公園に行ったんですね、うちの弟」

秋ヶ瀬公園は、埼玉県を代表する心霊スポットの一つ。

荒川と鴨川――二つの河川にサンドイッチされたような形で造られている細長い公園で、敷地面積は百ヘクタールと大きい。

桜の名所としても知られるが、オカルトマニアにとっては夜の顔が有名だ。

曰く、水門にむごたらしい惨殺体が流れ着いた。

曰く、駐車場で自殺をする人が出た。

曰く、公園内で焼身自殺をした女性が……。

そんな凄惨な話があれこれ漏れ伝わると同時に、夜中に赤ん坊の泣き声がしたり、ロングコートを着た大柄な女性の霊が出没したりといった噂もある、不気味なスポット。

県外からも、怪奇現象目当てに多くの人が集まる。

「公園の中に、祠か何かがあるんでしょ？　あいつらほんとばかだから、その祠のまわりとか、夜遅く何人かで出かけて探検したらしいんです」

確かに「祠」も、秋ヶ瀬公園伝説と深く関わる。

その祠のあたりでは不気味な霊的現象が発生するという話もあり、人によっては霊にとり憑かれることもあると聞く。

「そう。まさにうちの弟がそれだったんじゃないかって。帰ってきたときは何ともなかったんですけど、その次の日から」

高熱が出た。

七日にも亘って。

解熱剤を飲めばいったん下がりはするものの、夜になるとまた上がってしまう。

ちなみに、野際さんたち姉弟が両親と暮らす家は、秋ヶ瀬公園のあるさいたま市の隣、越谷にある。

「しかも、熱に浮かされて変なことばかり言ってたの。天井に、蜘蛛みたいな女が張りついているとか、夜中に目が覚めると、ベッドの横に、赤い目をした子供たちがたくさん座ってじっと自分を見てるとか」

弟さん――和哉さんの恐怖は日に日に濃くなった。

熱が下がらなくて苦しいだけでなく、夜になれば不気味な化け物たちが闇の中に出てくるのだから、生きた心地がしない。

秋ヶ瀬公園で何かあったというわけではなかったが、これは確実に、何かに憑かれてしまったと感じた。

そんな和哉さんのパニックは、ついにある晩、頂点に達した。

彼の部屋は、瀟洒《しょうしゃ》な一戸建ての二階にあった。部屋からは小さな庭が見え、フェンスの向こうにはマンションがある。

深夜、和哉さんは汗をかき、着替えをしようとベッドから出た。

違和感を覚えて窓を見た彼は、思わず悲鳴を上げた。

化け物――化け物としか言いようのないものが、窓ガラスにべたりと張りついている。

雨戸は閉めずに寝ていた。

白いレースのカーテンは閉じていたはずだったが、なぜだか中途半端に開いて、窓が見えている。

化け物は、そこにいた。

多分、かつては女だったはずのもの。

よってたかって髪をつかまれ、毟りとられでもしたかのような惨状を呈している、濡れた黒髪。

まさに、異形の者だった。

顔中、目だらけだ。

たくさんの目が、顔面のいたるところに様々な角度で開いている。皮膚はボロボロで、身体の中身がところどころはみ出していた。窓には粘液のようなものがこびりついてゆっくりと垂れている。

和哉さんは悲鳴を上げ、部屋を飛びだした。

そんな彼に叩き起こされる形で、野際さんが弟の部屋を確かめにいったときには、すでに化け物の姿はなかった。

「だから、弟が熱に浮かされて見た幻の可能性は、確かにあるんです。でもね、満更そうとも言えない理由もあって……」

野際さんはそう言って、さらに興味深い話を聞かせてくれた。

先ほども言った通り、野際家の横には数階建てのマンションが建っている。

そう大きくはないマンションだ。

正面の大通りに沿う形で、長細く建てられた造り。建物の片端が、隣家の野際家の目と鼻の先にあった。

そのマンションには、中学時代、野際さんと同級生だった女性が暮らしていた。

Qさんとしておこう。

Qさんの部屋は、三階の左端。窓から野際家が見えた。

野際さんが言う。

「弟が全快したあとで分かったんですけど、あいつが秋ヶ瀬公園から帰ってきて熱を出していた頃、Qさんの家でもずっと不思議なことが起きていたんですって」

そこは、ペット可のマンションだった。

Qさんの家では犬を飼っていた。

その犬が、野際家のあるほうの窓に向かって、激しく吠えた。

夜になると、毎晩のように。

そんなことは、それまで一度だってなかったので、Qさんも家族も、愛犬を持てあます日々だったという。

「しかも……それだけじゃなかったんです」

野際さんは私を見た。

彼女の家と向かい合うマンション片端の部屋は、一階から最上階まで、すべての家族が犬を飼っていた。

興味に駆られ、野際さんとQさんが調べたところ、そのすべての部屋の犬たちが、同じ時期、同じ方角に向かって、狂ったように吠えていた。

苔不動尊（秩父郡長瀞町）

手もとに「関東三十六不動霊場ガイドブック」（関東三十六不動霊場会発行）という冊子がある。

事務局を務める埼玉県さいたま市岩槻区は、岩槻大師で買い求めた。

冊子には「（関東三十六不動霊場は）日本の伝統的な巡礼の一つで、不動明王をお祀りする寺院を巡るもの」。「不動明王の眷属である三十六童子がお護りする尊像を巡拝の本尊としたことから定まった」と書かれている。

各札所におわすお不動様の御加護を頂戴できると同時に、三十六童子たちの御利生《ごりしょう》も授かることができるのが大きなポイント。

不動尊信仰は古来より、特に関東地方南部で篤《あつ》く「それゆえ関東三十六不動霊場は我が国最大の不動尊の霊域ということができ」るとのことである。

個人的なことだが、このガイドブックを入手したのは『埼玉怪談』の資料にしようとしてではない。

縁あって岩槻大師を訪ねることが多く、護摩祈祷などにもたびたび参加していたことから、このお寺が事務局をしていると知って三十六霊場巡りを決意した。

掛け軸（関係者は「納経軸」や「軸」と呼ぶ）を手に、南関東四都県（発心の道場＝神奈川七霊場、修行の道場＝東京十九霊場、菩薩の道場＝埼玉五霊場、涅槃の道場＝千葉五霊場）の各寺を回り、お不動様に手を合わせるたびに軸の御朱印が増えていく喜びは、経験したものにしか分からない。

とは言え、私の巡礼はまだ志半ば。仕事に忙殺され、思うように時間が取れず悶々としていたとき、私は牧野さんと出会った。

「五年ほど前でした」

牧野さんは言う。

五十代の男性だ。

「ゴールデンウィークでしたね。私と妻、当時中学生だった息子の三人で、二十九番札所を訪ねました」

牧野さんは、住まいのある神奈川県から車を飛ばしてやってきた。

前述の通り、埼玉県には計五ヶ寺の霊場がある。

二十七番が川越成田山（川越）、二十八番が喜多院（川越）、三十番は總願寺（加須）で、三十一番が事務局でもある岩槻大師。

二十九番は、秩父長瀞の洞昌院だ。

洞昌院の歴史は長く、建立は平安中期。御本尊の不動明王坐像は、弘法大師の作と伝えられている。

ちなみに長瀞は、埼玉有数の観光王国として知られる秩父の玄関口に位置する風光明媚な地。

荒川の渓谷美が楽しめる長瀞ライン下りや、国指定名勝・天然記念物として知られる長瀞岩畳、ミシュラン・グリーンガイド・ジャポンで一つ星を獲得した宝登山神社などでも有名だ。

この怪談集では「ブラックホール」というエピソードにも登場した。

洞昌院は、そんな長瀞を代表する古刹。

秋の彼岸時期になると、二千坪の境内に色とりどりの萩が咲き誇る萩の寺としても有名である。

山号は、不動山。洞昌院の背後にある山で、奥の院として知られる「苔不動尊」がお祀りされている。

「洞昌院を参詣してお軸に御朱印をいただいた我々は、苔不動尊を拝みたくて不動山の奥の院に向かいました」

洞昌院は、牧野さんにとっては十二番目の訪問地となる霊場だった。

不動明王には格別な思い入れがある。縁日である毎月二十八日には、今でも鎌倉の寺院で護摩祈祷に参加しているほどだ。

信仰のきっかけとなったのは若い時分。

当時牧野さんは、自衛隊にいた。

「成田山新勝寺で不動明王様の『身代わり御守』をいただいてから、信心するようになりました。空挺降下をするときは、いつもそのお守りを持っていましたね」

かつて牧野さんは、習志野駐屯地の陸上自衛隊第一空挺団に所属していた。

隊員時代は高野山にも行った。

「実は高野山と空挺団って、とても縁が深いんです。高野山の奥の院に向かう途中、一の橋近くに『空挺落下傘部隊将兵之墓　空の碑』があります。ここは旧軍の陸軍落下傘部隊、海軍落下傘部隊、そして第一空挺団将兵の英魂が眠っているところ。この管理をされているお寺が『不動院』で、御本尊は不動明王様です」

そんな縁から、自衛隊を除隊した後も、牧野さんは不動明王に祈りを捧げてきた。

霊場巡りは、そんな信仰生活の延長上に生まれたものだ。

剣と羂索《けんさく》を手に、ギロリとこちらを睨む不動明王の前で手を合わせると、心の奥の湖が澄んだ。

「だから、奥の院の苔不動尊にお目にかかることも、とても楽しみにしていました。洞昌院からは、車で二十分か三十分ぐらいだったと思います。とてもいい天気でしたけど、そうですね……時間はすでに、午後三時ぐらいにはなっていたんじゃなかったかな」

牧野さんはそう言って、さらに話をしてくれた。

山道は舗装されていたが、ほとんど車の往来はなかった。

林道を抜け、現地に到着した一行は、道の端に車を寄せて止めた。鬱蒼とした木立のイメージが強い場所だったという。

「足場の悪いところを歩いてたどり着き、苔不動尊様を拝みました。ようやく満足した私は、さあ帰ろうかと、妻や息子と車まで戻りました」

ところが、車を発進させようとした牧野さんは、ここでトラブルに気づく。

左側の車輪が脱輪していた。

お参りするために車を道の端に寄せたとき、はまってしまったらしい。落ち葉や木々のせいで分からなかったが、そこには側溝があった。

「何とか車を出そうとするんですけど、車輪が空転して道に戻れません。それほど段差があるようには思えなかったんで、何とかなるだろうとタカをくっていたんですが、どんなにアクセルを踏んでも、もうお手あげです」

万事休す。

牧野さんはロードレスキューに電話をした。

だが、場所が場所である。

到着までに二時間以上はかかると言われた。

「まいったなあ、ということになって。でも、助けが来ないことにはどうにもなりません。私たちは途方に暮れながら、しかたなくそこで待つことにしました」

家族の間に、すでに会話はなくなっていた。

妻と息子は車の中。

牧野さんは木陰。

思い思いの場所で、それぞれのスマートフォンと向きあった。もう何度目になるか分からないため息を、牧野さんはついた。

すると。

遠くから、車の音が聞こえてくる。見ると、一台の車が山道を下りてきた。

牧野さんはそちらを見る。

車は、彼らの近くまで来て、止まった。

「どうしたのって、年配の御夫婦が車を降りて、声をかけてくれました。おそらく五十代ぐらいだったと思います。とても温和な感じの御夫婦でした」

熟年の夫婦は、蝶を採取するために山に来ていたと言った。

牧野さんが事情を話すと「だったらこれを使ってよ」と、快く自分たちの車から何かを取りだし、彼に渡した。

スコップだった。

「地獄に仏とはこのことだと思いました。ありがたかった。住所を聞いて、あとでお礼と一緒にスコップを送らなきゃ。そう思った私は、車のハッチバックを開けてメモを取りだそうとしました。ところが——」

ハッチバックを閉めると、夫婦は忽然と消えていた。

おや、と思い、眉をひそめるが、夫婦だけでなく、すでに車もない。

「そんなばかな。そう思った私は、妻や息子に声をかけました。でも二人とも、スマホに夢中で気がつかなかったと言うんです」

ありえない。

なおも牧野さんは思った。

まさに、狐につままれた気分である。だが、夫婦が幻などではなかったことは、牧野さんが持つスコップが証明している。

「とにかく、私は心の中で夫婦に礼を言って、スコップを使おうとしました。妻と息子にも手伝ってもらおうと、車から出てきてもらいました」

だが、いざ使おうとしてみると、何だかそのスコップは妙である。

よく見れば、かなり変わった形をしている。柄こそしっかりあるものの、取っ手もなければスコップ部分も実用性にはほど遠い。

「何だこれって、改めてきょとんとして。こんなスコップ、初めて見るなって。試しにそれで車を動かそうとしてみましたけど、やはりうまくいきません」

希望の灯りが点ったと思っただけに、落胆は激しかった。

三人は肩を落とし、どんよりと重い気分に包まれた。

やはりロードレスキューを待つしかないのか——牧野さんは観念し、なかなか進まない時間を持てあました。

すると、それからしばらく。

また山道を、一台の車が下りてきた。

今度はピックアップトラックだ。

近くまで来た車から、降りてきたのは屈強そうな中年の男性だった。

「その人も、心配そうに声をかけてくれました。私はまた、事情を話しました。するとその人、手伝ってやるよと言って、自分の車からロープを持ってきてくれました」

牧野さんは、男性が車にくくりつけ、引っ張ってくれたロープのおかげで、ようやく側溝から車を出すことに成功した。

憂鬱そうに見ていた妻と息子にも、ようやく笑顔が戻った。

これはすぐにでもお礼をしなきゃと、牧野さんは思った。

埼玉に来た思い出にと道中で買っていた酒と菓子を渡すと、その男性は固辞したものの最後は受けとり、満面の笑みとともに、今来た山道を戻っていった。

「やれやれと人心地ついた私は、その車の後を追うようにして走り出しました。カーナビをセットすると、そちらに走れという指示が出たんです」

先を走り、山道を登っていくピックアップトラックを見ながら、牧野さんは車のアクセルを踏んだ。

だがやがて。

ふと、あることに気づく。

「あの車、どうして今来た道を戻っているんだろうって……だって、何か用事があったから下ってきたわけですよね。ところが私たちを先導するように、また山道を登っていく。どういうことだろうって、首をかしげました」

緩やかなカーブを、ピックアップトラックが曲がって姿を消した。少しあとに続いていた牧野さんの車も、同じようにカーブを曲がる。

ところが——。

「『わあっ』と声をあげました。慌ててブレーキを踏みましたよ。目の前に、何かがいたんです」

牧野さんは、運転席で思わず身を乗りだした。

助手席にいた妻も、後部シートの息子も同じようにする。

狸がいた。

突然道の真ん中に、大きな狸が現れたのだ。

狸は微動だにしなかった。

こちらを見ている。

牧野さんと目があった。

ほどなく。

狸はゆっくりと、その場から去った。まるで牧野さんたちの無事を確認し、安心したかのような雰囲気で。

「何だったんだよってブツブツ言いながら、私は再び車を走らせようとしました。目の前の山道は一本道。ずいぶん先まで見通せます。それなのに――」

ピックアップトラックは、もうどこにもなかった。

そんなはずはない。いくら何でも視界から消えてしまうほど長い時間、狸と対峙していたわけではない。

いや、待てよ――牧野さんは気づいた。

そもそもカーブを曲がったときから、自分たちはすでに前を走るあの車を見失っていたのではなかったか。

「どういうことなんだろうって妻や息子と話しながら、私は車を走らせました。狐じゃなくて狸に化かされたのかなんて冗談を言ったりしながら走るうち、私はつい『あっ！』と大声を出してしまいました」

まさか。いや、でも。

どう考えても、そうとしか思えないじゃないか。

牧野さんの背筋を汗が伝った。

またも車を止めた。ドアを開けて飛びだす。ハッチバックを開けた。スコップを取りだす。

じっと見た。やはり、そうとしか思えない。

ひょっとしてこれは、不動明王の倶利伽羅剣ではないだろうか。

「そして、あのロープは羂索。つまり、剣と羂索。助けてくださったのは不動明王様ではないだろうかって気がついたんです」

そう考えると、先ほどロープで車を引っ張ってくれた体格のよい男性は、運慶作と言われる国宝の矜羯羅童子《こんがらどうじ》にも似ていた。矜羯羅童子とは、不動三尊において制多迦童子と一緒に不動明王の脇侍を務める童子である。

結局その山道で逢ったのは、剣と羂索に絡んだ例の二組だけだった。

その日、謎の夫婦から渡された奇妙なスコップは、今も牧野さんの家にある。

隊舎の出来事（朝霞市）

「苔不動尊」の牧野さんからは、自衛隊についてもいろいろと聞いた。

彼が入隊したのは、高校を卒業してすぐ。

つまり、三十年ほど前である。

東部方面隊第一師団第三十二普通科連隊（現在は大宮駐屯地に駐屯）に配属され、すぐに第一空挺団（習志野駐屯地）隊員を志願した。

第一空挺団とは、日本唯一の落下傘部隊。

陸上自衛隊の精鋭部隊にして、他国からの侵略、自然災害などの国家の危機に迅速に対応し、落下傘で空から降下。身を挺してあらゆる任務を遂行する精鋭無比の部隊として知られている。

「空挺団で勤務するためには、基本降下課程を修了して空挺隊員になることが原則。全国の部隊から志願者を募り、空挺教育隊で教育を受けることになります」

牧野さんはそう説明した。

全国での新隊員前期教育を受けたあと、空挺団で新隊員後期教育を修了して基本降下課程学生になるか、あるいは一般部隊での勤務のあと空挺教育隊に入校し、基本降下課程学生になるか、二つのルートがあるという。

空挺教育隊を卒業して「空挺徽章（ウイングマーク）」を手に入れ、なんとしても空挺団の隊員になる——国土防衛の義務感を胸に秘めた牧野さんは、そんな希望とともに過酷な教育に参加した。

前期教育を第三十二普通科連隊で受けたあと、第一空挺団普通科郡本部中隊（当時）で後期教育を受けた。

基本降下過程は、約五週間。

地上準備訓練と降下訓練を主にした教育がされるという。

もちろん、学生たちは厳しくふるいにかけられる。

途中で不合格になってしまうと、もともと所属していた部隊＝原隊に戻らなければならなかった。

これは、牧野さんが空挺教育隊で空挺隊員をめざしていた頃の話。

同じ営内班に冬木君という同期の隊員がいた。

真面目で明るく、温和な人柄。責任感も強い。

バディを組む機会も多く、すぐに仲良くなった。

また、いろいろと話をするうちに、冬木君が強い霊感の持ち主らしいことも、牧野さんは知った。

「でも結局、冬木君は空挺隊員選抜で不合格になってしまいました。とても残念でしたが、彼は原隊である第三十一普通科連隊に帰っていきました」

現在、第三十一普通科連隊は神奈川県横須賀市の武山駐屯地に連隊本部が駐屯しているが、当時は朝霞駐屯地にいた。

朝霞駐屯地は第二次大戦後、米軍基地として使用されていた土地を陸上自衛隊の駐屯地として使うようになったもの。

朝霞市、新座市、和光市の三市にまたがるほか、全体のわずか数パーセントほどの敷地面積ではあるものの、東京都練馬区にも食いこみ、所在地の正式な住所は「東京都練馬区大泉学園町」になっている。

「この事件は、冬木君が朝霞駐屯地に戻って少し経ってから起きました」

牧野さんは言う。

怪異は、隊舎で起きた。

隊舎とは若い独身自衛官が寝起きをする駐屯地内の寮。確か朝六時起床、夜十時就寝だったと牧野さんは回顧する。

「ある日の夜中のことでした。冬木君、なぜだか妙に寝苦しくて、しかたがなかったそうなんです」

冬木君は悪夢を見ていた。

どす黒い靄のようなものが追いかけてくる。

濃い霧のかかったじっとりとした世界を、冬木君は必死に逃げ回った。だがどす黒く不気味な塊はますます増え、あちらから、こちらから冬木君に迫ってくる。

「どこかから、苦しそうなうめき声が聞こえたそうです。いったい誰だと思いながら、夢から醒めたと言っていました」

夢はたちまち、散り散りになった。

呻いていたのは自分だったのだということも、冬木君は知った。

隊舎の部屋では何人かで共同生活をする。部隊の規模にもよるが、当時は一部屋五人から六人ぐらいがふつうだったそうだ。

「あたりは真っ暗でした。仲間を起こしてしまったかと気を揉みましたが、聞こえてくるのは平和そうないびきばかり。冬木君、やれやれと安堵したそうです」

ところが。

冬木君は眉をひそめる。

なぜだか胸のあたりが重苦しい。

しかも、仰臥したまま天井を見た冬木君はギョッとした。

どす黒い靄が漂っている。

あたりは闇だったが、はっきりと彼は見た。

暗闇よりもなお黒い、不気味な靄があたりをびっしりと覆って蠢いている。夢の中で見たものが、醒めてもまだなお、そこにあった。

しかも。

――ガシャッ。

耳慣れない音がする。

冬木君は息を止め、耳に神経を集中させた。

――ガシャッ。

えっ。

――ガシャッ。ガシャッ。

えっ。えっ、えっ？

耳障りな、鉄と鉄とが擦れあうような音。

部屋の中のあちこちからする。胸のあたりに感じていた重みが、ますます強いものになった。

冬木君は枕から頭を上げた。

そちらを見る。

いた。

それは、冬木君を睨んでいた。

生首だ。

侍に見えた。大銀杏が乱れた、無残なざんばら髪。

顔中血だらけ。睨む両目は四白眼で黒目が小さい。吠えるように開けられた口からは、赤黒い血があふれ出している。

「冬木君、『うわあああ』となってベッドから転げ落ちたそうです。さすがに今度は、同室の隊員たちも一斉に飛び起きました」

同部屋の仲間たちの中で、強い霊感を持っているのは冬木君だけだった。どうしたんだとみんなにつめよられたが、本当のことなど言えるはずもない。

「悪い、寝ぼけたと、何とかごまかしたそうです。同室の兵士たちは口々に文句を言いながら、再びそれぞれの床に戻りました。冬木君は内心ビクビクしながらも、とにもかくにもベッドに入り、布団をかぶって目を閉じたようです」

その晩は、それ以上何も起きなかった。

ところが。

この日を境に、怪異は毎晩のように起きることになる。

――ガシャッ。

奇妙な音が。

――ガシャッ。

来る夜も来る夜も、隊舎の部屋に響いた。

最初は、冬木君だけしか気がつかなかった。

だが。

――おい。何だよ、この音……。

やがて、隊員たちがその音に気づき始め、そして――。

うわあああ。

「ついにある晩、全身が悲鳴をあげたそうです。甲冑を着たおびただしい数の武者たちが、とうとう部屋に現れたんです」

武者たちは、首がなかった。

一人として首を持たない甲冑姿の武者たちが、部屋の中をおぼつかない足取りで動く。

――ガシャッ。ガシャッ。

奇妙なその音は、武者たちの甲冑が立てる音だった。

「当直の陸曹がやってきて、陸曹も確かに異変を確認しました。後日、川越の喜多院から力のあるお坊さんが来て、お祓いをしてもらったそうです」

僧侶の御祈祷が功を奏し、怪異はようやく収まった。

僧侶によれば、冬木君たちが寝起きしている隊舎のあたりは、その昔、首実検のため、討ちとった首に化粧をほどこしていた場所ではないかとのこと。

おそらく戦国時代の頃のことではないかと、お坊さんは言ったという。

正丸峠

（飯能市〜秩父郡横瀬町）

「冬木君と言えば、こんな話もありました」

元自衛隊員である牧野さんは、仲のよかった冬木君についてさらに話をしてくれた。

ある夜。

冬木君はバイクで正丸峠を走っていた。

正丸峠は、飯能市と秩父郡横瀬町の境界にある、標高六三六メートルの峠。

旧国道２９９号線。

狭く険しいコースが続き、対向車とのすれ違いにも難儀するここは、峠の走り屋たちを主人公にした人気コミックに登場することでも有名だ。

冬木君は、愛車を飛ばした。

「いい感じで走っていたらしいんです。そうしたら、単車のミラーに映るものがありました。後方から、ものすごい速さでライトが迫ってきました」

ずいぶん飛ばしているな——冬木君は思った。

自分だって、けっこう飛ばしている。

それなのに、近づいてくるバイクの速さは尋常ではなかった。ヘアピンカーブの続く、危険な場所であるにもかかわらずだ。

「こいつは、ぶっちぎるのは難しそうだなと思ったそうです。下手に競って事故に遭うのもばかばかしい」

走り屋の一人としては悔しいが、ここは道を譲るしかないと冬木君は思った。

すると。

「えっと思うほどの速さでした。気づいたときには、バイクはもう冬木君の真横を並走していました。思わずライダーをチラッと見た。冬木君、絶叫したそうです」

バイクを駆る走り屋は、首がなかった。

後部シートに女が座っている。

走り屋の首はそこにあった。

女が抱えている。

冬木君と目が合うと——。

キャッキャキャキャキャキャキャキャ。

女は不気味な笑い声を上げ、持っていた首を投げてきた。

ぎゃあああ。

冬木君は悲鳴をあげ、転倒した。

首なしライダーはあっという間に遠ざかる。薄気味悪い女の笑い声も、一緒に小さくなっていった。

「これも首なしの話ですね。そう言えば」

牧野さんはそう言って、気味悪そうに微笑んだ。

ちなみに、正丸峠の首なしライダーは、埼玉県内では有名な霊の一つである。

やはり、本当に出るようだ。

正丸トンネル（秩父郡横瀬町）

正丸トンネルの開通は、昭和五十七年（一九八二年）。

国道２９９号線の正丸峠にある。

トンネルが開通される前は、半時間ほどかかって正丸峠を越えていた。だが開通してからは、峠越えに要する時間は劇的に短縮されている（約五分）。

飯能方面から秩父をめざしたり、秩父から飯能や青梅に向かうときには、私もよく使っている。

いや、使っていた、というほうが正しいか。

この話を聞くまでは。

「十年ぐらい前ですけど、当時つきあっていた彼女と暇つぶしに夜のドライブをしてたんです。七月か八月。むしむしと暑くって、ちょっと涼んでくるかみたいな感じで」

話を聞かせてくれたのは、現在二十代の矢嶋さんという男性。当時は都内の学校に通うため、埼玉県内で独り暮らしをしていた。

若気の至りって、ああいうことだと思うんですけどと自虐的に言う。

今でも十分若いのだが。

「当時、心霊スポットにすごく興味があって。正丸トンネルも一度見てみたいなと思っていたもんだから、行ってみたんです。もちろん彼女には、どういう場所だとかいうことは一切説明しないで」

恋人の名は蓮田さん。

矢嶋さんとは同い年だったという。

交際を始めてから半年ほど経った頃だった。

「なんかね、ちょっと霊感があるって言ってたんですよ。けっこういろいろなこと、神経質な子で。俺はそういうもん全然ないから、半信半疑と言えば半信半疑だったんだけど、嘘を言っているとも思えない。だからちょっと、彼女を試してみたいっていうような好奇心もあったかも知れないですね」

正丸トンネルにも、いろいろな噂がある。

幽霊に関するたくさんの目撃譚があったり、白い着物を着た女性の霊が車のバックミラーに映りこむといった話も聞いている。少なくとも、二〇二二年現在は、そんなエピソードがあちこちで語られる。

言われてみれば、確かに不気味なトンネルではある。

全長約二キロと距離も長く、その間ずっと、じっとりと湿った古びたコースを、ドライバーはひた走る。

出口はなかなか、見えてこない。

「彼女はおとなしいタイプで、どちらかというと口数も少ない。真面目な女性でした。あれこれと雑談して笑ったりしながら、いよいよ正丸トンネルに入ったんです」

今にして思えば、トンネルが見えてきたあたりで、すでに違和感はあったと矢嶋さんは言う。

助手席にいた蓮田さんの、雰囲気が変わった。

トンネルに、入った。

「霊感なんてないくせに、そんな俺でも『うわっ、気持ち悪いな、やっぱりここ』とか思いながら走りました。彼女はどんな感じだろうと思ってちらっと隣を見たら」

明らかに異常だった。

矢嶋さんは目を疑った。

ガクガクと小刻みに震えている。

見ればその顔は、尋常ではなかった。

目を見開き、唇を噛んでいる。かわいい顔立ちの女性だったが、一度も見たことのない感情が色白の美貌に噴きだしている。

「俺、心配になっちゃって。思わず声をかけたんだよね。そうしたら」

——いいから早く行って！

ヒステリックな声で蓮田さんは叫んだ。

うろたえてスピードを落とす矢嶋さんに、蓮田さんは何かに憑かれたような顔つきになって怒鳴る。

——早く行ってって言ってるでしょ。早くしろ！

完全にパニックになっている。

矢嶋さんは恐怖に駆られた。

彼には何も見えない。あたりに目を凝らしても無駄である。

だが、恋人の取り乱した姿を見れば、大変な場所に飛びこんでしまったことは疑いようがない。

——早く。早くしろ。なんでこんなとこ来るんだよ。やだ。ここやだ。ぎゃあああ。

助手席で、狂ったように蓮田さんは暴れた。

両手で頭を抱え、両目をくわっと見開いて、恐怖に慄いている。シートベルトをしていなければどうなったか分からないと矢嶋さんは回顧する。

全長二キロは長かった。

ようやくトンネルを抜けても、蓮田さんは取り乱して叫ぶ。

――止めて。降ろして。止めろよ、止めろ！

止めろと言われても、あたりは暗い山道だ。

だが蓮田さんは譲らない。矢嶋さんを揺さぶって「お願い。止まって。止まってってって言ってんの」と懇願する。

しかたなく、車を端に寄せ、停車した。

蓮田さんは荒々しくドアを開けると、夜の歩道を駆けだした。

矢嶋さんは呆然と、その姿を見送った。

そのときだ。

ぞくり。

突然、冷気を感じた。

ドアを開けっぱなしにしているから？

いや、違う。

冷気は左横からではなく、真うしろから、きた。

「俺、ええっ？　と思いながら、慌てて後ろを見ました。けど、何も見えるはずがない。でも……でも」

もう一度、振り返った。

何かいる。

そんな気がしてならなかった。矢嶋さんは車を飛びだし、しばらくオロオロとあたりを行ったり来たりしたという。

「あとで聞いても彼女、詳しいことは話してくれませんでした。その話はしたくないって感じで。その晩のことが原因ってわけじゃないけど、結局別れちゃいましたし、真相はもう分からないんですけどね」

いずれにしても、矢嶋さんにしてみれば、忘れられない夏の思い出。

彼女にかわいそうなことをしてしまったと、以来二度と、そういう遊びはしなくなったという。

会議室（さいたま市）

埼玉県内最大の繁華街と言えば、いわずと知れた大宮駅とその周辺。

長年に亘って人口増加が続くさいたま市の中心で、東口、西口それぞれに、今も大規模な開発が進められている。

二〇二二年四月には、東口駅前に商業施設を含む巨大再開発ビルが誕生し、営業を開始したばかり。

西口駅前でも、新しい街作りが進められている。


このエピソードの舞台は、そんな大宮東口駅前からほど近い場所にある古いビル。

二十六年ほど前の話である。

話してくれたのは、早紀さんという五十代の女性。

二十代後半の頃の出来事だそうだ。

当時は結婚前だったので、姓は江口と言った。

「当時私は、電話番やコピー取りなんかをする事務員として、東京都内の消防設備会社で働いていました。選挙事務所でアルバイトをしていたんですが、たまたまそのビルの消防点検をしていた社長にスカウトされたんです」

声をかけてきたのは、当時七十代後半だった森田社長。

若い時分は近衛兵としてお国のために戦った青年兵士。歳こそ取っていたがダンディで、すらりと背が高く、役者のように色っぽい。文武両道を地でいく、古きよき日本男児を感じさせる高潔な人だった。

柔和な人柄で、女性にもよくモテた。

早紀さんのことは、孫のように可愛がった。

「そんな社長に、『江口さん、悪いけど頼まれてくれないか』とお願いをされたことがありました。大宮駅東口にある、取引先の会社に一緒に行ってほしいと言うんです。六月のある日のことでした」

その会社は、いわゆる大手一流企業。

全国各地に支社を持つ巨大企業で、大宮にも支社があった。早紀さんの会社にとっては、大のお得意さんである。

「仕事は点検ファイルの差しかえでした。契約企業の消防点検は半年に一度行われていましたが、点検をしたら正、副、控えと三部、点検表を作らなければならないんです。本来なら実際に点検をした下請けなり孫請けなりが差しかえをするんですが、いろいろと事情があって、森田社長が自ら差しかえに行くこともあったんですね」

二人は、森田社長の運転する車で出かけた。

首都高速埼玉大宮線を使った。

ビルの横にある青空駐車場に車を止め、得意先を訪れる。大きいビルなのに、一階の正面玄関は妙に暗かった。

気になった。

「担当は加納さんという男性で、私とは似たり寄ったりの歳の独身社員。つまり森田社長とは、やっぱり孫ぐらい歳の差があるんですけど、横柄な人だということは仲良くしていた経理担当の女性社員さんから聞いていました。で、実際に会ってみると」

確かに、いやな奴だった。

痩せていればそれなりのビジュアルかも知れないが、不摂生な生活が祟ってか、無駄な肉がぶよぶよとついている。

大企業に勤める人間にありがちな、露骨な選民意識。

初対面の挨拶をする早紀さんを頭のてっぺんからつま先まで見上げ、見下ろし、加納はフンと鼻を鳴らした。

「しかも、森田社長にもすごくぞんざいな態度で。でも社長もそんな加納さんには慣れていて、いつもと変わらない紳士的な物腰で応対するんです。そうしたらますます、加納さんはカリカリしながら偉そうにする……何だか変な雰囲気でした」

俺がお前らに仕事をやっているんだ。誰だと思う、○○○の社員だぞ——加納の態度に、早紀さんはそんな居丈高なものを感じた。

通されたのは、加納たちのオフィスの上階。

だだっ広く、がらんとした部屋だ。会議室らしいそこは、四、五十人は入れる大きさで、白いボードなども置かれている。

クーラーが効きすぎていた。

「確かに暑い日ではあったんです。訪れたのは午後一番の時間帯でしたしね。でも、それにしたってというぐらい寒かった」

社長は、いつもの作業着。早紀さんはパンツルックにブラウス。カーディガンを持ってきて良かったと思ったという。

社長と手分けをし、十三件ほどを差しかえた。

その企業は、埼玉県内だけでも各地に支店がある。

点検表の差しかえ作業は大宮支社だけでなく、それらすべての支店を最新のものに変えねばならない。

「しかも正、副、控えと三つあるわけですから、十三物件だったら全部で三十九ファイル。社長はともかく私は設備士でもありませんし、その上、ただ機械的に差しかえればいいというわけではなく、いろいろとチェックをしながらやらなければならないんで、けっこう神経を使うんです」

ふだんは楽しく雑談をすることの多い森田社長も、黙々と作業をした。

いつになく、ピリピリしているようにも感じられる。

「そうしたら、何て言うんでしょう……だんだん空気の圧みたいなものが変わりだした気がし始めて。あれ、おかしいな、とか思っているうちに――」

心臓が激しく脈打ちだす。

頭が重くなり、身体がだるくなってくる。

「社長に訴えたら、クーラーを消すかという話になって。私、消そうとしたんですけどパネルを見たら、一番弱になっているんです。おかしいね、そのわりにはずいぶん寒い、みたいな話をしながら、とにかく作業を続けたんですが……」

ファイリングをする手を動かしながら、早紀さんは眉をひそめた。

おかしい。

部屋がだんだん暗くなっていく。

まだ午後は、始まったばかりだというのに。森田社長も「何だか暗いね……」と困惑したように言った。

「気持ちが悪くなったんで、私、トイレに出たんです。そうしたら、フロアの廊下も暗いんですよね。気味が悪いんです。とてもそんなフロアで用を足す気になれなくて、私、一階下まで降りました」

すると、そちらはとても明るい。

六月の昼過ぎならではの陽光が窓から降り注いでいる。それなのに、上階に戻ると、雨でも降りそうな暗さである。

「社長も、さあ、とっととやってしまおうって感じで私に気合いを入れて。私たち、また無駄口もたたかずに作業をして、早めにしあげました」

片付けを終え、更新したファイルを加納に渡した。

加納は嫌みたっぷりにおどけ「ずいぶん早いなあ。ちゃんとやってくれました?」と社長を揶揄する。

軽く見られているのは明らかだった。だが社長は丁寧な態度を崩さず、何度も頭を下げ、早紀さんを伴って社屋を後にする。

早紀さんは疲労困憊だった。お茶でもして帰るかと社長に誘われたが、不調を訴え、車の後部座席に寝かせてもらった。

本当に、眠くてだるい。

異常な睡魔と船酔いのような感覚。

その双方に襲われながら、会社まで戻った。

何だか変な一日だったなと、いつまで経ってもよくならない自分の身体を持てあましながら。

そして、半年が経った。

今度の点検表の差しかえは、下請け会社の社員と森田社長が二人で行った。あそこに行くのはもういやだと思っていた早紀さんは、内心ほっとした。

ところが、作業に落ち度があった。

十数部のファイルを差しかえたが、三部だけやり直しをしなくてはならない。早紀さんは社長に頼まれ、またしても同行することになった。

「今度も昼過ぎに大宮の支社を訪ねました。加納さんはこれ見よがしに舌打ちをして『お歳ですか、社長。しっかりお願いしますね』って露骨に社長に嫌みを言って……」

早紀さんにも、相変わらずの上から目線。何が気に入らないのかフンと鼻を鳴らし、またしても前回と同じ会議室を指定した。

「私と社長はエレベーターで上階に上がり、会議室に行きました。ところが」

ドアを開けたのは、社長だった。

だが開けるなり、固まった。

「私、『……？　電気を点けますね、社長』って、不審に思いつつも何でもない調子で言って、部屋を明るくしました」

だが、やはり薄暗い。陽が落ちるのが早い時期にはなっていたが、まだ太陽は天の高いところにある。

「そうしたら加納さんが会議室に顔を出して、持ってきたファイルをテーブルに放り投げるんです。それでも社長はお得意さんだと思うから『ありがとうございます』って丁重にお礼を言って。私は、いくら何でもこの態度はあまりに失礼なんじゃないかって怒りを覚えましたけど、ぐっとこらえて一緒に頭を下げました」

とにかく早くやってとっとと帰ろうと、社長は半年前と同じことを言った。

一刻も早く、ここから去りたいと思っているのは明らかだ。

早紀さんも、言われるまでもなかった。二人は手分けをし、てきぱきと書類を差しかえ始める。

ところが。

「また頭がズキズキしてきたんです。作業量はさほどでもないはずなのに、疲れがひどくなって、動作が緩慢になっちゃって」

不思議だった。

会議室はどんよりとして、空気が重い。

森田社長は眉間にしわを寄せ、怒ったような顔つきでひたすら手を動かしている。

「私たち、けっこうな速さで書類を差しかえ、ファイルを持って加納さんのところに行きました。すると加納さんは、また例の調子で『ちゃんと確認しましたか。もう勘弁してくださいよ』ってねちっこく言うんです」

だが社長の態度は、いつになくかたくなだった。終わりました、大丈夫ですと、持っていたファイルを加納に押しつけるようなことまでする。

外に出ると、午後四時をいくらか過ぎていた。

帰りはまた横になっていっていいからと、社屋横の青空駐車場に戻りながら、社長は早紀さんに言った。

そこまで気分が悪かったわけではない早紀さんは「大丈夫です」と固辞したが、社長は「いいから言われた通りになさい」と、恐縮する彼女を後部シートに座らせ、飲み物まで買い与えて車を発進させた。

社長の言う通りになった。

途中から、早紀さんは調子を崩した。国道十七号線を南下し、荒川を渡って板橋を通過しようとする頃、いきなり吐き気を催した。

座っていられなくなった。

船酔いのような感覚が、前回よりひどい。

早紀さんは、どうして自分がこうなることが分かったのかと不思議になりながら、ハンドルを握る森田社長の大きな背中を見つめた。

思い出したくもないのに、脳裏に去来するのは薄暗い会議室。

嘔吐感はいやでも増した。

早紀さんは慌ててかぶりを振り、会議室の残像を頭から追い払った。

――ごめんね、江口さん。

車を運転し、前を向いたまま社長は早紀さんに謝った。

――もう二度と、あそこには行かせない。私が悪かった。申し訳ない。

いつも早紀さんを孫のように可愛がる社長が、このときばかりは威儀を正し、丁寧に謝罪をした。

早紀さんはそんな社長にうろたえ、「とんでもないです。私こそすみません」と、こちらもまた謝った。

そして、翌年。

経理を担当する女性が、古株だった前任者から菅原さんという新しい人に変わった。

以前、森田社長の会社の下請け業務をする消防設備会社で仕事をしていた人だ。早紀さんはその女性とも打ちとけ、時間のあるときはあれこれと雑談をするようになった。

そんなある日、菅原さんとは旧知の仲らしい矢上さんという男性がやってきた。

菅原さんと同じ会社で働いていたことがあるという消防設備士。

一流の腕前を持つ人だという。

だが聞けば、一時は独立して自分の会社を持ったものの、現在はそれをたたんで個人で仕事をしていた。

森田社長に誘われて都内のあるビルの点検作業を手伝い、点検表と支払い請求書を持ってきたのであった。

森田社長は外出していて、いなかった。

矢上さんは言った。

——仕事を選びたいからさ。会社を持っていたり、人を雇っていたりすると、わがままばかり言ってられないじゃない。だから潰したんだよね、会社。

飄々とした中年男といった感じ。矢上さんは、早紀さんが出した冷たい麦茶をおいしそうに飲んで、彼女に話した。

暑い夏の日のことだったと、早紀さんは記憶する。冷房をつけているのに、何だか暑かった。

矢上さんは話し好きで、親しみやすい人柄だった。最初は臆していた彼女も、菅原さんを交え、いつしか三人で話しこんだ。

接客用のソファセットでのことだった。

それは、どういう話の流れだったか。気がつけば、三人の話題は大宮にある例の会社の話になっていた。

——ああ、あそこか。

すると、矢上さんはソファの背もたれに体重を押しつけ、しばし、天を仰いだ。

何事かといぶかしくなるような、長い沈黙。

早紀さんは菅原さんと目を見交わした。

やがて、矢上さんはローテーブルに身を乗りだして、言った——あそこはね、メチャメチャ、土地悪いよ。

そして、こうも言う。

——なんせ、首なしだからね。

「はあ？　ってなるじゃないですか。首なしって何って。そうしたら菅原さんが思い出したように『ああ』ってうなずいて言ったんです」

——矢上ちゃん、そういうの感じる人だったもんね。だから会社を潰してフリーになったんでしょ。仕事を選ぶようにしたくて。入れないビルには何があっても入れないから。そう。

矢上さんには独特の霊能があった。

早紀さんは彼に聞かれるがまま、自分の身に起きたあれこれを話した。そうしたら、それまでニコニコと雑談に興じていた矢上さんの顔が曇った。

——そりゃ具合悪くなるよね。江口さん、いくつ？　二十九？　独身でしょ。だめだよ、若い独身の娘があんなところに行っちゃ。

矢上さんは顔を引きつらせ、かぶりを振って言った。

「どういうことですかって、私、また気持ちが悪くなってしまって。菅原さんも硬い顔つきになって、じっと矢上さんを見ていました。そうしたら矢上さん、こう言いました」

――若い女の人があんなところに言ったら、運自体を持っていかれちゃうよ。あのさ、はっきり言うとね。

矢上さんは声を潜めた。

――あの会社の正面玄関、あるでしょ。あそこにさ、女が立っているんだ。

「えっ、女の人？　私、そう聞きました。もちろん、そんな人がいたのは見たことありません。でも矢上さん、うなずいて断言しました」

――立ってるんだよ。すごい大きい。しかも、首がないんだ。首なしなの。

菅原さんは息を呑み、早紀さんは絶句する。

場の空気が固まった。

それとさ、と矢上さんはなおも言った。

――点検表の差しかえってどこでやったの？

早紀さんは例の会議室のことを話した。

またしても、矢上さんは天を仰ぐ。

どうしようかなというような顔つきで、天井を見つめる。

だが、早紀さんは確かめずにはいられなかった――あの会議室にも何かいるんですかと。

すると、矢上さんは早紀さんをじっと見た。

やがて、言った。

——会議室と、前の廊下。なんかさ、変じゃなかった？

変でしたと、早紀さんは答える。

なぜだか暗く、陰鬱で、温度も低い。

目にこそ見えなかったものの、どす黒いものが充満してでもいるかのような異様な気配がそこにはあった。

——そうなんだよね。

矢上さんは言う。

——あそこさ、会議室の壁にも外の廊下にも、雨後の竹の子みたいにボコボコ、ボコボコ、首なしが立ってるんだ。

菅原さんが悲鳴を上げ、手で口を覆った。

早紀さんはめまいを起こしかけた。冷房が効かないと思っていたはずなのに、背筋に鳥肌が立つ。

矢上さんは話した。

男も何人かはいるが、ほとんどは女の首なしばかり。おそらく、正面玄関にいる大きい首なし女が大ボスだろうと。

とにかく土地が悪いんだよと、矢上さんは顔をしかめた。

——隣に駐車場ができたんだよな。できてからおかしくなった。おそらくだけど……駐車場を通っていた霊道が工事のせいで移動しちゃって、あのビルのほうに来ちゃったんじゃないかな。

霊道とは、浮遊霊や不浄霊など、様々な霊が通る道。霊道が通過する土地に店を出しても、うまく行かずに潰れてしまうことがあると言われる。

早紀さんは唖然とした。

そんな物騒な場所に、自分たちは通っていたのか。

しかも。

——加納も分かってるはずなんだけどね。見える見えないは別として。

矢上さんはそうも言った。

部外者が時折訪問するだけでも違和感を覚えるのである。社内で話題にならないわけがないと。それなのにあえて、森田社長や早紀さんを、加納はその会議室に追いやるようなまねをした。

——多分、社長と江口さんに意地悪をしたんだろうね。

なんでそんなことをと憤る早紀さんに、矢上さんは話した。

早紀さんがその会社で働くようになる前に、一年ほど同じ仕事をしていた二十代前半の女性がいたという。

加納は、この女性に執心だった。

両社の親睦のために開催された宴の席で知り合い、熱烈にモーションをかけるようになったという。

ところがその女性にしてみれば、最初から会社は腰掛けに過ぎなかった。長く勤めるつもりなどなく、時期が来るとあっさりと退職し、田舎に帰った。

だが、加納は妄想した――もしかして、森田社長が囲ってしまったのではないかと。

とにかく社長は、ダンディで色っぽい。その上、元近衛兵というだけあり、なんとも言えない品格と男らしさも持っている。

かてて加えて、事業家なのだから経済力もあった。エリートを自負しているとは言え、一介の若造が太刀打ちできる相手ではない。

色欲に目のくらんだ加納が、自分が狙う女性が老社長のお手つきになり、手の届かないところに行ってしまったのだと想像しても無理はなかった。

――多分、一回や二回はいい思いをしたんじゃないの、加納もさ。ところが急にいなくなって、連絡も途絶えちゃって。それで森田社長に、歪んだ怒りやジェラシーをぶつけるようになったんじゃないかな。まあ、江口さんは完全なとばっちりだよね。

とばっちりであんな思いをさせられたんじゃたまりませんとため息をつくと、矢上さんと菅原さんは同情するように苦笑した。

「今でも忘れられません。矢上さん、こうも言ったんです。あんな土地で仕事をしていたら、そりゃおかしくなる奴はおかしくなるよって」

加納は東京にある本社から出向してきた社員だった。交代して大宮を離れた前任者は、無事本社に戻ったという。

「前任の人は人柄がよくて、下請けの業者とも気さくに話すような明るい人だったそうです。で、矢上さんが言うには首なしたち化け物も、そういう人格を持つ人には簡単に寄っていけないそうなんです」

事実加納は、大宮支社に出向してきた当初は借りてきた猫のようにおとなしく、真面目だったという。

それが、あのビルで仕事をするうち、徐々に変わり始めた。

「矢上さん、言っていました。加納みたいなのはいい獲物なんだよって。江口さんは森田社長と一緒だったから、社長の人間力に守られて助かったのかも知れないねって」

その森田社長も、現在はすでに鬼籍に入っている。

矢上さんに言わせると、社長は決して「見える人」ではなかった。

だが、自分の今の状況がどれだけ危険かは、いやでも分かっていたのではないかと彼は言う。

「何しろ社長は戦地で命を落としかけ、さらにはマラリア、デング熱、お年を召されてからは大腸がんにまでなった人なんですが、いずれも無事に生還しているんです。大腸がんなんて、同じ時期に六人ぐらい同じ病室に入っていたらしいんですけど、社長以外はみんな亡くなってしまった。みなさんいずれも若くって、一番若い方なんて、まだ二十代だったそうです」

森田社長の運の強さは、一緒に仕事をしていて、確かに早紀さんも何度も思ったことがあったそうだ。

矢上さんに言わせると、それは「後ろについて守ってくれているものがどえらいものだから」だそうだが、早紀さんもまったく同感だ。

「結局、加納さんに対してもそうでしたけど、どんな扱いを受けても絶対に人の悪口を言わない人でした。人間としての品格は桁違いだったと思うんです。だから、守護仏なのか守護霊なのか分かりませんけど、社長を守っていたのがとんでもなく強いものだったとしても、不思議ではないって私も思います」

――多分、加納が栄転で本社に戻ることはないんじゃないかな。

暑かったあの夏の日。

矢上さんは、同情するようにそう独り言を言った。

会社を辞めても、早紀さんと森田社長のつきあいは、社長が逝去するまでずっと続いた。

そんな社長の話によれば。

確かに加納は、その後本社には戻れなかった。

不老川（所沢市）

埼玉は「川の国」。

この怪談集二つ目のエピソード「人柱」で、私はそう言った。

だがもちろん、豊富な水量を誇る地域ばかりというわけではない。県西部は水飢饉など、深刻な水不足との戦いの歴史に彩られている。

所沢も、そんな地域の一つ。

火山灰の関東ローム層に厚く覆われた武蔵野台地は、冬期などには流れが枯渇することも少なくない。

不老川《としとらずがわ》も、そうした川。

年とり（旧暦の年越し）である節分の頃になると、水が途絶える。

正月は、数え年で言えば誰もが一斉に歳を取るとき。ところがこの川は、いつまでも歳を取らない、あるいは取れない――。

そんなことからつけられた名が、不老川だったという。

これは、そんな不老川の流域で暮らす、柴原という家の話。

八年ほど前のことだそうである。

怪異な出来事は、柴原家の葬儀で起きた。

話してくれたのは、Aさんという方だが、どういう人なのかは、一切書かない。

なぜならAさんを知る誰もが、Aさんに特異な能力があることを今も知らないからだ。

「柴原の家で、前当主だった泰造さんが亡くなったんです。七十代半ばでした。大きな名家ですし、泰造さんも徳のある人で、みんなに慕われていた。セレモニーセンターで行われたお葬式には大勢の弔問客が集って、みんなで泰造さんを偲びました」

Aさんは葬儀会場の後方の席にいた。

僧侶たちの読経が山場を迎えている。

柴原家の遺族は、みな沈痛な面持ちでうなだれていた。

跡を取る長男の秋彦さん、妻の良枝さん、二人の一粒種である、当時中学生の翔太君が、最前列にいる。

その後ろの列に、次男の家族、長女の貴子さんたち家族が座っていた。

泰造さんの妻だった人は、すでに鬼籍に入っている。

「貴子さんも、こちらまでもらい泣きしそうになるほど号泣していて。胸を締めつけられる思いでいたんですよね。そうしたら」

ぶわり。

突然、鳥肌が立った。

ひんやりした気配を間近に感じる。

横を見た。

息を呑む。

泰造さんが、座っている。

「何だか、自分が死んでしまったことを信じられずにいるような感じでした。力なく肩を落として、ぼうっと前を見ています」

Aさんは幼い頃から、この世のものではないものたちを目にしてきた。そういう意味では珍しいことではなかったが、やはり気味は悪い。

しかも。

「未練って言うんですかね。うつろな目で、ぴくりともしないで自分の葬儀を見ているんですけど、なんともいえない執着心みたいなものを感じさせるんです」

僧侶の読経が終わった。

告別式が始まる。

見ると、泰造さんはもういなかった。

「私、ほっとして椅子にもたれかかりました。背中に汗が噴いていたことに、初めて気がついたのを覚えています」

親族や友人の弔辞が続いた。

方々から、鼻を啜る音が聞こえる。

やがて司会者にうながされ、喪主の秋彦さんが挨拶のために席を立った。

マイクへと進む。

Aさんは、秋彦さんが若い時分から、彼のことも妻である良枝さんのことも、よく知っていた。

二人はなかなか、子供に恵まれなかった。

結婚五年目に、ようやく跡取りを授かった。おめでとうとお祝いをするAさんに、良枝さんは号泣した。

だが夫婦の仲は、傍目に見てもよくはなかった。

陽気な親分肌の泰造さんと違い、秋彦さんは容姿こそ整ってはいるものの、陰のある性格。いつも愛人の噂が絶えなかった。父である泰造さんからも注意を受けるのか、親子の関係もまた、ずっとぎくしゃくしていた。

泰造さんはそんな息子を持てあましつつ、孫の翔太君を可愛がった。若い頃の泰造さんに、よく似ているという話だった。

勉学優秀な翔太君も、祖父によくなついた。

名門高校の受験を控えた大事な時期に、孫の将来を案じつつこの世を去った泰造さんの無念は、確かに想像にあまりある。

「秋彦さんの喪主挨拶は、淡々としたものでした。でも見れば、秋彦さんの妻の良枝さんも翔太君も、目にハンカチを押し当てたり、鼻を啜ったりしています」

Aさんはまた、もらい泣きをしそうになった。

ハンカチを取りだし、目元を拭いながら、もう一度遺族席を見た。

泰造さんがいた。

見間違い、ではなかった。

秋彦さんが座っていた椅子に座り、じっと、じっと。

「隣の良枝さんを見ていました」

泰造さんに表情はない。

うつろなその顔にあるのは、ただただ、虚無感。

だがそれでも。

Aさんは一瞬にして、すべてを理解した。

泰造さんは息子の嫁を長いこと見つめ、いつしかどこかに、いなくなった。

何も知らずに、良枝さんは泣き続けた。

「もちろん今に至るも、すべては仮説です。ちゃんと良枝さんに確かめたわけじゃない。そんなこと聞けるわけないですしね」

Aさんはそう言って、複雑そうに口元を歪めた。


厳しい季節が来ると、不老川は枯渇する。

所沢は中世や近世、大切な水を井戸に頼った。

——所沢に、娘を嫁にやってはならない。

その昔、そんな風に言われたのは井戸で水を汲むつらい仕事が、主として女性に課せられていたからだ。


女たちは、井戸を汲む。

歯を食いしばり。
震えながら。
嫁となって井戸を汲む、名もない女たちのつらい仕事は、様々に形を変えて、現代にも
きっとある。

あとがき

埼玉で暮らし始めて、今年（二〇二二年）で二十九年。

生まれ故郷は十八歳のときに離れてしまいましたので（ただしその後、病気のため帰省し、数年間療養）、よく考えれば生地にいた頃よりとてつもなく多くの日々を、私はこの第二の故郷で過ごしていることになるわけです。

人生とは、実に不思議です。

埼玉になど何の縁もなかった私が、この地に根を下ろして約三十年、埼玉代表みたいな顔をして御当地怪談を紹介させてもらうことになるなんて。

某国民的お笑いタレントの言霊の呪縛により、長いこと不遇をかこちつづけている我が埼玉（恐ろしいですね、言霊って笑）。

でも近年は、自虐的な笑いを武器に攻める、開き直った埼玉賛歌の映画でついに逆襲に転じ、独自の地位を築きつつある気も（勘違いですか。そうですか、すみません）。

いずれにせよそんな埼玉にも、背筋の凍るゾゾゾな話は、やはりたくさんありました。ダ埼玉ならぬ、堕幸魂。

翔んで埼玉ならぬ、とんだ埼玉。

そんなキャッチフレーズをつけたくなるような怪談話の一端は、本編で御紹介した通りです。

また、せっかく取材したにもかかわらず、諸事情の関係で封印せざるを得なかった「やばい実話」も複数あったことも、無念な思いとともに記しておきます。

埼玉に関する怖い話、不思議な話は、まだなお現在進行形で集まっています。

この本に関わってしまったことで二度と通れなくなった道、行けなくなった場所もあれこれと出ている、好きなことのために自分の首を絞めているような私ではありますが、知れば知るほど埼玉もまた、不気味な異界であることだけは間違いないようです。

あなたの知らない黒い埼玉は、ほら、もうあなたにもそんなに、べっとりと。

それではみなさま、『埼玉怪談』第二弾で、またお目にかかれますことを。

令和四年十一月　幽木武彦

埼玉怪談

2022年12月7日　初版第一刷発行

著者……幽木武彦
カバーデザイン……橋元浩明（sowhat.Inc）

発行人……後藤明信
発行所……株式会社　竹書房
〒102-0075　東京都千代田区三番町8-1　三番町東急ビル6F
email: info@takeshobo.co.jp
http://www.takeshobo.co.jp
印刷・製本……中央精版印刷株式会社